媽媽，我要學

不催、不逼、不強迫，
教出自動自發的孩子！

自主學習教育專家

付立平・著

推薦序——在未來的某一天，我或許也會拿著這本書教育我的孩子

李付沐瞳
二〇一六年「十大讀書人物」獲獎者之一

媽媽告訴我，她的書是關於家庭教育的。我對於她在「家庭教育」方面的印象，僅限於她很專業，有很多人請她辦講座，有很多人在網路上學習她的課程，還有一些家長來找她一對一諮詢。

我對於家庭教育方式的了解，也只源於我閒暇時偷看的幾本她的家庭教育書籍。在閱讀的過程中我會疑惑，所謂成功家庭教育的標準是什麼？我嘗試再深層思考屬於她的家庭教育，我是她的孩子，我作為被教育者的形象出現，也許我的成功與否就是她家庭教育成功與否的關鍵？我無法判斷我是否成功，但我在和媽媽相處的過程中，有許多可以拿出來講一講的故事。

我與媽媽交流的時候，她不常用句號結尾，而是用疑問句的方式：「妳覺得呢？」、「妳的想法是什麼？」、「妳怎麼看待這件事？」所以每次我們交流時，我都可以滔滔不絕地說很長時間，極大地滿足了我的表達慾。因為她總讓我感覺我

的想法很重要，我可以有自己獨到的見解。後來我發現，正是這種交流方式，讓我常常保持思考的狀態，無論是學習上，還是生活中，我都會在腦海中多提出幾個疑問，並且主動尋找答案，而不是人云亦云。

聽媽媽說，在我出生之前她就開始給我讀書了，我出生後更是生活在一個被書包圍的環境裡，於是看書就成了我的愛好之一。閱讀讓我受益良多，例如對問題的深層思考能力、更為開闊的眼界、豐富的知識面等。記得我上小學五年級的時候，因為想幫班上一位女生解決與其他同學相處困難的問題，回家跟我媽探討，她第二天就給了我一本心理學百科，讓我自己從書裡去尋找解決問題的辦法。這養成了我的一個習慣，遇到任何問題，我都有自信可以找到解決問題的辦法，比如透過閱讀、資料蒐集、請教老師，或者自己想辦法等等。有一次我和隊友去參加世界ＤＩ創新思維大賽，臨上場比賽前，我們的機械道具突然出了問題，但是作為隊長的我和隊友們顧不上著急和抱怨，我們相信自己可以解決這個難題，於是馬上開始分工合作修理，最後在上台前五分鐘成功修好了道具，最後還拿到了創新思維大賽小學組科技類項目的世界冠軍。

不過，有時候我媽媽的「教育方式」也讓我費解。我從上幼兒園到現在，幾乎所有的時間安排都是我自己做的，什麼時候玩耍、什麼時候讀書、什麼時候閱讀、什麼時候運動……她很少幫我做決定。甚至在我剛開始做「日常計畫表」的時候，因為不太懂，所以每件事之間都沒有安排過渡的時間，導致自己在執行的時候很

趕，每次都急急忙忙。而我媽竟然沒有及時提醒我，眼看著我「犯錯」。後來，我自己就一次次反覆修改調整，在這個過程中，我了解了給自己留餘地的重要性，也更加懂得合理安排時間，在自律的同時也有適當的自由。

媽媽一直鼓勵我要自信，所以我從小就敢於胡說八道，敢於胡思亂想。我現在堅定地相信，我身上的優點有很多，這也讓我在一些挫折面前顯得不那麼在意。比如某次我競選全年級活動的主持人失敗，我以為她會像所謂育兒書裡一樣正常地安慰我，並告訴我這一次失利不過是因為意外，或者未來會有更好的機會。結果她直接回了一句：「妳原來主持的還不夠多嗎？這次就當給其他同學機會吧。」我直接愣在原地，但是隨即就想開了，笑個不停。

我有時候在生活中注意觀察，試著把媽媽的每一個行為與我在她書上看到的資料進行一一比對，但最終都沒有什麼結果。我想她可能已經做到「潤物細無聲」了吧。我們偶爾會意見不合，也會爭吵，但我依舊堅定地認為，我的家庭教育環境是溫馨、幸福而美好的。我無法證明自己「有多優秀」，但是我可以確定，我在媽媽所營造的環境裡自由快樂地成長著，以後會一直這樣成長為一個生命更加豐富的成年人。在未來的某一天，我或許也會拿著這本書教育我的孩子。

序——幫助孩子打開幸福密碼

我每天接觸很多家長，在課堂上、在講座中、在我們的父母訓練營裡，還有一些是來找我做個案諮詢的……他們之中有大學教授、企業高階主管、公司創辦人、上班族、老師，也有全職媽媽……家長們帶著各種各樣的問題而來，想要解決孩子各種各樣的「麻煩」：寫作業拖拖拉拉、上課不專心、讀書沒興趣、學過的知識很快就忘、考試成績下滑、過分偏重某些科目……

仔細看一看就會發現，對父母們來說，生活中孩子製造的「麻煩」千千萬，但當他們進入學校之後，真正的、最大的挑戰才算到來——讀書、讀書、讀書。輔導課業、考試成績、孩子被迫讀書或主動好學、小學升國中、基測、學測……各種花樣的背後，是無數家長的焦慮擔憂。學習原本是孩子的本分，為什麼會給那麼多的家庭帶來如此巨大的困擾，讓家長變得焦躁、易怒、無奈，讓親子關係變得緊張，讓孩子感覺委屈甚至傷心？這裡面最重要的問題有兩個：一是爸爸媽媽們無時不在、無處不在的焦慮；另一個就是孩子缺乏學習的原動力，沒有學習意願，任何方

付立平
二〇二一年六月於北京

法都無法產生效果。

父母們的焦慮從何而來？總結下來，就源自我們內心並不確定我們怎麼做才能確保孩子有一個幸福美好的未來。所以我們按照最慣常的做法，讓孩子上更多的補習班、做更多的題目、拿更好的文憑……我們心裡有一條孩子成長的「唯一正確」的路，一旦孩子的表現不在我們的預期之內，我們就惶恐不安，甚至感覺這樣就會毀了孩子的一生。所以我們時時刻刻在矯正孩子的言行，希望他們的成長不會出錯。

曉文媽媽第一次來找我做個案諮詢的時候是十年前。她是一家網路上市公司的高階主管，氣質冷靜、理性。然而，在我們一小時的對話中，她每隔幾分鐘就要看一下手機，彷彿裡面有一個隱藏的「定時炸彈」，不知道什麼時候就會爆炸。這個「定時炸彈」就是她十六歲的兒子，正在一所國際學校念高一。處於青春叛逆期的孩子幾乎不跟爸爸媽媽交流，抽菸喝酒、打架滋事、沉迷網路遊戲、讀書墊底……曉文媽媽說，有時候她開著會，就會接到學校老師打來的緊急電話，這種隨時可能天降「麻煩」的感覺讓她焦慮不已。她最大的困惑就是，她認為自己為孩子付出了所有，在學區置產、上補習班、興趣培養……孩子從小學到國中，她無論多忙，每天都會檢查孩子的作業完成度，可為什麼現在孩子變得毫無人生目標，放棄學習，甚至放棄自我成長？她完全無法想像。

為了修復跟孩子的關係，重構孩子的原動力，曉文媽媽開始有系統地學習親子溝通、家庭教育，一點一點拉近自己和孩子的心理距離，培養孩子的自主、自信和自律能力。後來，這個原本處在自我放棄邊緣的孩子申請了一所美國的大學，現在他已經在國內一家金融公司工作了。對曉文媽媽來說，她是把以往對孩子無處不在的「他律」，轉變為了孩子的自我成長力。

這樣的故事，在我從業將近二十年裡，遇見過不少。當然，對大多數爸爸媽媽來說，日常遇到的挑戰並沒有曉文媽媽這麼嚴重，孩子往往只是做事拖拖拉拉、寫作業不認真、總是玩手機等雞毛蒜皮的「小事」，這是值得我們慶幸的。但我也知道，這麼說並不能緩解大家的焦慮，因為這些日常的困擾就已經足夠讓我們焦頭爛額、不堪忍受了。家庭彷彿成了戰場，生活處處都是硝煙，每天不大吼大叫都覺得日子過得不真實。

我能深刻體會到爸爸媽媽們的糾結困擾，更能深深感知大家對孩子最強烈的愛。因為我也是一個媽媽，我女兒十四歲。她在學習和成長中，也時常遇到各種挑戰，尤其是她進入國中之後，一方面要應對更有難度的學習內容，一方面還要承受各位學霸同學帶來的同伴壓力。我原本也很擔心她在這個過程中感到挫敗，但是最終讓我放心的是，即便學習充滿挑戰，她依舊保持著足夠的自信，並且我看到她一直在努力想各種辦法解決問題。她一如既往地制訂自己的學習規劃、整理犯過錯的題目，向老師請教、和同學討論，還擠出時間發展她的興趣愛好，包括閱讀、練書法、參加英文辯論賽、參加科技創新比賽……

我們常常說「未來已來」，我們現在培養的孩子是在為二十年後做準備，為未來而教，為未知而學。面對不確定的未來，我們能給孩子最重要的人生禮物，就是讓他們擁有面向未來的能力，擁有自主學習的能力。這是每個孩子的底層能力，解決了這個問題，所有的困擾都會迎刃而解。

很多家長都覺得這個問題太難了，但其實每個孩子生來都是有學習意願和學習能力的，他們從「被動學習的學困生」到「自主學習的資優生」，相差的可能只是我們作為父母對學習的認知，對用科學方法培養孩子自主學習方法的掌握。一個擁有自主學習能力的孩子，他的競爭力不是此時此刻掌握了多少知識，也不是當下的成績和分數，而是在面對日新月異的變化時始終保有學習的熱忱，有能力應對不斷出現的新挑戰。

這本書中，我提出了五種學習力。孩子擁有學習原動力，面對任何挑戰都更加積極主動；擁有情緒自控力，內心始終充滿力量和溫暖；擁有良好的習慣自控力，始終可以自主自律；構建學習競爭力，會讓成長事半功倍；最後，有了學習抗逆力，孩子在遇到所有困難的時候能夠爬起來繼續前行。

真正擁有自主學習力的孩子，才能擁有終身競爭力！

真正會引導孩子養成自主學習力的父母，才是能夠幫助孩子打開幸福密碼的智慧新父母！

contents 目錄

Part 3 習慣自控力

Part 4 學習競爭力

Part 5

學習抗逆力

Part 1

學習原動力

每個人內心都有一台「發動機」，如果「發動機」不運轉，那麼無論施加怎樣的外力，這輛人生之車也無法行駛起來。激發孩子學習和成長的原動力，就是給孩子的未來發展「加速度」。在過往的家庭教育中，家長們總是在試圖用各種方式激發孩子的上進心，培養他們的學習動力，然而過多的監控手段和激勵方式反而破壞了動機的生成。外部手段干預誘發的僅是孩子對被監控的反抗和對獎勵本身的興趣，卻並不能給孩子的自身能力帶來實質性的提高。我們真正需要做的是讓孩子自發地形成學習動力，實現自我激勵，讓他們知道自己有無限的潛力。只要他們願意，他們就能做到，這並不難。培養孩子原動力的第一步，是轉變孩子長久以來的思維模式，從固定型思維轉化為成長型思維。接下來，我們可以透過塑造目標感、成就感和價值感，來具體激發孩子的原動力，把「要我學」變為「我要學」。

01 成長型思維

強調努力而非天賦

在陪伴女兒長大和多年從事自主學習力研究的過程中，我發現，許多家長都和我有同樣的感嘆：有些孩子學習自覺主動，井井有條，有些孩子則拖拖拉拉，不讓人省心。為什麼同樣年齡的孩子，差距會這麼大?!

我們常常看到，那些所謂「學霸」把自己的時間安排得井井有條，非常自律，而且善於思考，有自己的見解，彷彿有什麼東西在激勵他們不斷地汲取知識，在各個方面持續提高。我女兒剛上國中時，放學回來跟我說，他們班上的同學課間玩的遊戲是互相挑戰做數學難題。是不是非常令人羨慕?我第一次聽到這件事時也感到很驚訝。

可見，這些孩子已經完全具備自主學習的能力，也就是我們說的「原動力」，即具有較強的學習自主性。他們既有強烈的內在渴望，又有一定的行動力，能夠自覺自願地付出努力，無論是在學習上還是在生活中。

原動力與思維模式

當孩子沒有動力、沒有熱情去學習，而是靠老師、家長不斷推動甚至是逼迫向前時，我們首先應該注意，這一定是孩子的學習原動力出現了問題，我們需要從中找到根本原因。

整體來看，原動力可以分為三種：第一種是生物性原動力，指要生存下來的動力；第二種是外在動機，即尋求獎勵、避免懲罰的動力；第三種則是內在動機，即想要主導自己的生活、學習，並且創造新事物，努力做得更好的內在需求，這裡就包括我們所講的學習原動力。

我經常能聽到有些家長說，孩子就得罵，一罵就去學習，效果立竿見影。但問題是，打罵對孩子產生的副作用非常大，而且一旦不批評、不打罵，孩子就會懈怠。這種方式只能產生短期效應，很難達到長期效果。它只是促使孩子學習的一種外力，而孩子的學習原動力並沒有被激發出來，一旦外力消失，或者隨著孩子慢慢長大，打罵便不再奏效。尤其是到了青春期，孩子與父母的衝突會變得越來越大。所以，家長在培養孩子學習能力的時候，不要過多注重外力，而是要看長遠，切實幫孩子形成學習原動力。

對於學習這件事，內在動機的產生來自很多方面，主要包括思維模式、自主性、目標感、成就感和價值感等，其中養成成長型思維模式是孩子產生學習原動力的第一步，也是重中之重。

著名發展心理學家卡蘿．杜維克在《心態致勝》一書中將人的思維方式分為成長型和固定型。成長型思維的人認為，任何能力和技能都可以透過後天努力得到發展，他們更樂於接受挑戰，並且積極提升自己的能力和技能；而固定型思維的人認為，後天的努力無法提高自己的能力，更無法改變自己的天賦，一旦遇到需要透過努力才能克服的困難，他們就會馬上放棄。因為一旦失敗，就意味著自我否定。

反映在孩子的學習原動力上，我們可以明顯看出，具有成長型思維的孩子具有如下三個特點：

1. **不服輸，認為個人能力能夠透過努力獲得提升**。這樣的孩子有一股不服輸的拼勁，認為自己的能力可以透過努力來培養並獲得提升。一件事情完成得好與不好，跟他是什麼樣的人沒有關係。只要付出更多的努力，就能實現自己的目標。

2. **不自卑，專注於尋找解決問題的方法**。遇到困難時，他們不會認為自己是愚蠢的，或者沒有能力完成這個任務。相反，他們會專注於尋找克服困難的方法。

3. **不自滿，虛心學習別人的優點**。獲得成功時，他們也不會驕傲自大，因為他們知道，這僅僅是自己比別人多付出努力而獲得的結果。比自己優秀的人，他們付出的努力和代價也許比自己更多。

這就是典型的成長型思維，在這種思維模式的驅動下，孩子能夠積極主動地付出努力，見賢思齊，不斷超越自我。隨著孩子的成長、年級的提高，這種思維模式帶來的優勢也會越來越明顯。與之相反，那些沒有成長型思維的孩子在學習上則表現出極度的不自信：他們覺得自己學習不好是沒有天賦；遇到問題不敢面對，只想馬上放棄；一旦失敗，就會產生自卑情緒，自我否定，甚至誤入歧途。

✔如何培養成長型思維？

成長型思維和固定型思維差距如此之大，既有先天形成的因素，也有來自後天的不斷塑造。人的思維模式在成長和生活的各個階段都會產生變化，並非一成不變，那麼孩子的成長型思維應該如何培養呢？

舉個例子，曾經有一位家長向我諮詢：她的孩子上二年級，數學只考了五十九分，而班裡大多數學生的分數都在九十分以上，她因此非常生氣，覺得自己的孩子太不用心了。她沒有控制住情緒，對孩子嚷道：「我給你找的補習老師都白找了。花了這麼多錢找老師補習，你竟然沒有一點進步。你們班一半以上的學生都在九十分以上，你考不到九十分就算了，竟然不及格！你可真笨！我的面子都被你丟盡了！怎麼好意思見老師和其他家長?!」

我能理解，當父母這樣做時，心裡的願望是讓孩子意識到自己與同學的差距，好好努力，認真學習，下次能夠把成績提高一些。但遺憾的是，孩子的想法往往與

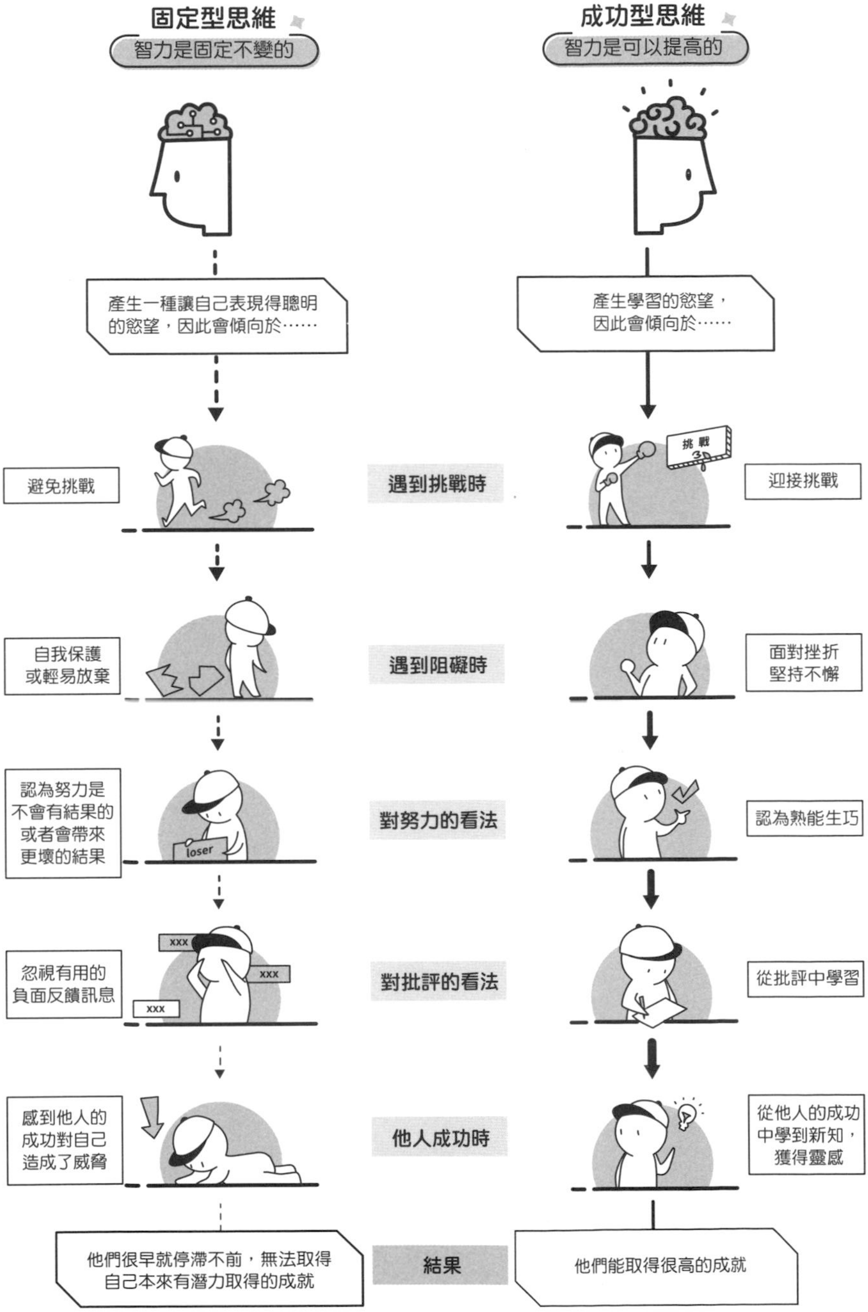
固定型思維
智力是固定不變的
成功型思維
智力是可以提高的
產生一種讓自己表現得聰明的慾望，因此會傾向於……
產生學習的慾望，因此會傾向於……
遇到挑戰時
避免挑戰
迎接挑戰
挑戰
遇到阻礙時
自我保護或輕易放棄
面對挫折堅持不懈
對努力的看法
認為努力是不會有結果的或者會帶來更壞的結果
loser
認為熟能生巧
對批評的看法
忽視有用的負面反饋訊息
xxx
xxx
xxx
從批評中學習
他人成功時
感到他人的成功對自己造成了威脅
從他人的成功中學到新知，獲得靈感
結果
他們很早就停滯不前，無法取得自己本來有潛力取得的成就
他們能取得很高的成就

圖 1-1

你的初衷背道而馳。當你說孩子「笨」、「蠢」的時候，他們心裡可能真的在想「我就是一個笨蛋，我什麼也不會，這麼簡單的題目我還做錯」，甚至由此延伸到「我的成績這麼不好，我媽媽怎麼可能愛我？我不配得到好東西，我是一個沒用的人」。那麼，孩子接下來可能會採取一些極端措施，比如透過作弊獲取高分，或者自行修改考試分數等。這就產生了極大的負面作用。可見，當我們用上述方式教育孩子時，孩子就會形成固定型思維，他會覺得自己「能力不行」，不可能透過努力獲得進步。

這個家長的行為其實很具有代表性，她對孩子說的話，並不是在評價事情本身，而是變成給孩子自身做出評價，甚至給孩子「貼標籤」。那麼當你想要培養孩子的成長型思維時，遇到此類情況，應該怎樣和孩子溝通呢？這裡我給出三點建議及表達方式。

調整自身思維方式，認可「過程比結果更重要」

這位媽媽在與我的諮詢對話中也察覺到了自己做法的不妥，所以及時調整了自己的思維和做法。她調整好情緒，心態平和地問了孩子一些問題：「我看到你這次考試得了五十九分，你對自己的分數有什麼想法嗎？你認為這次分數低，主要是哪些方面的失誤，以後需要注意哪裡呢？考試中答錯的題目現在會做了嗎？需要爸爸媽媽幫幫你嗎？」

這一次，她用了「我看到……」這樣的句式，這是客觀地描述孩子學習的一些細節，而不是家長自己的主觀評價，也不是對學習成果的評價。當我們這樣與孩子溝通時，孩子就會知道，我們是在就事論事，探討這次沒考好的原因。媽媽提出的幾個問題，可以幫助孩子思考，這次考得不夠理想是哪裡忽視了，哪些地方還需要多注意，更加努力，下次不再犯同樣的錯。並且，孩子能夠感受到，如果自己需要幫助，可以找爸爸媽媽，他們會幫助自己一起解決。

家長自己的思維模式和做法發生變化，孩子的思維和行為方式就會隨之變化。此時，考試分數不再是我們唯一關注的重點，孩子也開始主動思考自己的失誤和沒有掌握的知識。如果家長能夠長期用這樣的方式跟孩子溝通，那麼當孩子在學習上遇到任何問題和挑戰時，就都會主動尋找解決的辦法。

強調努力，而不是天賦

還是針對上面的案例，那位媽媽可以指著試卷上的一個答錯的題目，這樣跟孩子說：「我看到，這題你沒有寫對。如果要掌握這題的重點，你可以怎麼做呢？多練習幾遍，會不會對你有幫助呢？」如果孩子透過練習把題目做對了，家長就要及時肯定孩子的努力：「你透過練習把這些錯誤全部改過來了，所以你熟練掌握了這道題目，下次再有同樣的題型，你就知道怎麼解答了。」

當你用這種方式和孩子溝通時，孩子就會覺得，題目做對或者做錯，跟自己是否聰明沒有關係，而是跟自己的努力程度相關。透過努力，孩子能夠克服學習上的困難和挑戰，感受到學習給自己帶來的成就感，體會到學習本身的愉悅。他們會逐漸形成一種熟能生巧的意識，開始變得勇於迎接挑戰，並且變得越來越具備成長型思維的特徵，學習原動力也會越來越強。

卡羅爾．德韋克做過一個智力拼圖實驗，測試向孩子「強調天賦」和「強調努力」分別會對孩子產生怎樣的影響。實驗中，研究人員先透過簡單的智力拼圖的方式對所有孩子進行第一輪智商測試。完成測試後，研究人員把孩子隨機分成兩組。研究人員對其中一組孩子說：「你們在拼圖方面很有天分，你們很聰明。」對另外一組孩子則說：「我看到剛才你們刻苦努力，表現得很出色。」隨後，孩子們參加第二輪拼圖測試，其中有兩種不同難度的測試可以讓孩子們自由選擇。一種測試較難，但會在測試過程中學到新知識，另一種測試跟上一輪類似。結果發現，那些在第一輪中被誇努力的孩子，有90%選擇了難度較大的任務，而那些被表揚聰明的孩子，則大部分選擇了簡單的任務。接下來又進行了第三輪測試。這一次，所有孩子參加同一種測試，沒有選擇。這次測試很難，可想而知，孩子們都失敗了。但兩組孩子對失敗的反應差異巨大：那些曾經被誇獎努力的孩子在測試中非常投入，積極動腦筋，想盡各種方法解決難題；而那些被表揚聰明的孩子則在測試中一直表現得很緊張，時不時地抓耳撓腮，做不出題目時顯得十分沮喪。最後，研究人員對孩子們做了第四輪測試，這次的題目和第一輪一樣簡單。那些被誇獎努力的孩子，在這次測試中的分數比第一次提高了30%左右；而那些被誇聰明的孩子，這次的得分和第一次相比，卻退步了大約20%。

由此可知，當你跟孩子強調天賦時，孩子就會認為，能力是根本不可能改變的，從而逐漸形成固定型思維，未曾嘗試就早早地放棄了努力。如果你跟孩子強調努力，那麼孩子就會認為，能力是完全可以提高的，從而逐漸形成成長型思維，盡最大努力學習，獲得成長。

作為家長，我們平時一定要注意跟孩子說話的方式，那些輕易說出口的話，往往會在不知不覺中對孩子產生巨大的影響。家長在與孩子溝通時，要正確地誇孩子，少說「你真棒，你真是天才，你太有天賦了」之類的話，而是多用「你透過……所以……」這個句式，讓孩子知道，只有透過自己的努力，才能夠獲得成長的結果。

不要隨便給孩子「貼標籤」

也許是因為透過「貼標籤」來判斷、評價一個孩子太容易了，所以任何時候你都可能不假思索地就給孩子貼上「標籤」。在上述案例中，那位媽媽在面對孩子考試不及格時，就很粗暴地給孩子貼了一個「標籤」，例如「你可真笨」。此外，家長給孩子貼標籤，其實是為自己糾正不了孩子的行為找個藉口——「這件事情我沒辦法，孩子性格就那樣，改不了」。可是對孩子來說，貼標籤會讓他將一種行為轉變成一種身分。例如，「我很聰明，即使我不努力，也能輕易地把這些東西學好」，或者，「我沒做對這道題目，我就是個笨蛋」……

生活中，我們經常會看到這種行為，比如看到小朋友不願意跟人打招呼，就說他們膽小、害羞；見到小朋友逢人便打招呼，就說他們自來熟、話多；看到一個每次考試都不及格的孩子，就說他笨；看到孩子每次考試都得滿分，就說他聰明，等等。

但是我們一定要注意，我們應該把對孩子行為的評判跟對孩子本身的評價區別開。也就是說，評判是對事不對人的。在遇到挑戰的時候，家長要跟孩子說「在……這件事情上，是因為……還需要加強」，而不是簡單地給孩子貼個標籤，這一點很重要。

在陪伴孩子成長的過程中，我們應該充分關注每一件事情本身。例如，家長可以這樣告訴孩子：「在成績沒有提升這件事情上，是因為……還需要加強，如果你需要幫助，你可以找爸爸媽媽，我們就在這裡，願意陪你一起練習。」而不是說他笨、不努力。

當孩子遇到問題時，家長千萬不要一味地指責孩子，而是要坦誠地指出孩子的問題所在，並且想辦法跟孩子一起解決問題。切勿讓孩子覺得，是孩子自己的能力不足，才導致沒有做成某件事情，而是要讓孩子知道，他只是沒有找到解決問題的方法而已。

相反，當孩子取得成功時，家長千萬不要簡單地表揚孩子「你真是太聰明了」，因為這樣簡單地給孩子貼標籤，反而會讓孩子覺得，是天賦讓他順利地做成了某一件事，而不是自己付出的努力。要培養孩子的成長型思維，就應該讓孩子知道，只有透過刻苦努力，才能把一件事做好。作為家長，要始終鼓勵孩子，始終以挑戰的思維引導孩子。孩子的成長型思維一旦形成，就會激發原動力，自主學習的動力就會變得越來越強，孩子的未來就會擁有無限可能。

本章重要工具

培養孩子成長型思維的三個方法：

① 調整自身思維方式，認可「過程比結果更重要」。
② 強調努力，而不是天賦。
③ 不要隨便給孩子「貼標籤」。

培養孩子成長型思維的三個句式：

① 「我看到……」
② 「你透過……所以……」
③ 「在……這件事情上，是因為……還需要加強。」

使用場景：當孩子學習、做事沒有動力，遇到挑戰容易放棄，或者感覺自己不如他人，不相信自己能達成更高的目標時，可以用這些工具幫助孩子形成成長型思維。

注意：在鼓勵孩子時，描述孩子的行為細節，而不是評價結果。跟孩子強調努力，而不是天賦。不要隨便給孩子「貼標籤」，關注事情和行為，不評價孩子的本質。當孩子感覺不夠自信時，陪孩子一起解決問題。

能讓孩子學到什麼：只要努力，就一定可以提高自己的能力，並且獲得成功。即使現在還無法完成一些難度較大的任務，但只要捨得付出，動腦筋、想辦法，再大的困難都可以克服。

本章小練習

培養孩子的成長型思維

和孩子一起找一件他感覺最成功或者最失敗的事情，讓孩子陳述這件事成功或者失敗的原因：如果失敗了，是否可以透過學習獲得某方面的能力，從而獲得成功？如果成功了，是否還可以挑戰更有難度的事情，怎樣才能不斷地獲得新的成功？透過了解孩子對失敗和成功的看法，以及以後是否在思維和行為方面有新的改進，就可以判斷孩子在對待這件事情上是成長型思維還是固定型思維。那麼家長在接下來的教育中，就可以有針對性地採取措施，運用本節中培養孩子成長型思維的三個方法，以及和孩子溝通的三個句型，激發孩子的潛力，培養學習原動力。

事件	孩子認為成功（或失敗）的原因	孩子認為下次可以怎麼做	要培養孩子的成長型思維，你會怎麼說？（選用三個句式中的任意一個來練習）

02 激發原動力
從「要我學」到「我要學」

我聽到很多家長說過類似的話：「求學求學，現在不是孩子求學，是我求著孩子學！」這的確是一個現在普遍存在的現象，很多孩子不愛學習、不想學習，家長用盡渾身解數求著孩子學：有些輕聲細語地叮嚀催促，有些則生氣暴怒，有些乾脆搬把椅子坐在孩子旁邊陪讀，甚至對孩子說「只要你肯學，爸媽做什麼都行」。

然而，這樣做並沒有什麼效果，一旦把孩子逼急了，他可能還會表示「我是沒辦法為你好好學習了，你再生個孩子替你學吧」，明明學習是孩子自己的事情，到最後他卻滿腹委屈，甚至覺得自己是替父母來受罪。從孩子的視角出發，他們會認為是父母「要我學」，而不是「我要學」。他們的學習完全是被動而不是主動的，這就是孩子缺乏學習原動力的典型表現。

激發學習原動力的三個要素

原動力的養成並非一朝一夕之事，培養孩子學習原動力，首先要了解它的形成原理。美國心理學家愛德華．L．德西和李察．賴安的自我決定論認為，所有人都有三個最基本的心理需要：歸屬感、自主感和成就感。當這些需要得到了充分滿足，孩子對於某件事的內在決定動機自然就提升了。激發孩子學習原動力的關鍵也就在於此。如果孩子在接受教育的過程中收穫了歸屬感、自主感和成就感，那麼他們就會更加主動、積極、愉快地投身學習。

歸屬感

歸屬感是指個體將自己歸屬於某一團體，並對其產生親切、自豪的情緒體驗。對孩子來說，歸屬感來自父母無條件的接納、認同和包容。當孩子感覺自己在家庭中被關注、被理解、被認可時，他的歸屬感就會獲得充分滿足，他就會真正將自己看作家庭中的一員，努力保持自己最好的狀態，其中就包括主動學習。

舉個例子，在我的家長課上，有一個媽媽講到她和六歲兒子之間的一個小互動。快要吃晚飯時，孩子的家庭作業還沒有完成，於是媽媽問：「有什麼辦法可以在晚飯前寫完作業嗎？」孩子說：「有一個辦法，但是我不能告訴妳。」媽媽說：

「說來聽聽吧。」孩子笑了一下，說：「妳狠狠地罵我一頓，就可以很快完成了。」媽媽用很誇張的聲音說：「那可不行，我這麼愛你，即使你寫不完作業，媽媽也捨不得罵你。」孩子眼神裡滿是害羞和喜悅，過了一會兒，他說：「媽媽，我也愛妳，我現在就快快寫作業。」這就是認同和接納所帶來的歸屬感的力量。

自主感

自主感是指人們對某件事的選擇、決策擁有掌控力和決斷力的感覺，可以直接理解為「對自己的生活和行為擁有實際掌控權」。孩子在成長探索的過程中，不可能總是保持在一個興奮的高點上，有些事情讓他們興致高昂，有些則讓他們意興闌珊。

這種情況在給孩子報才藝班的時候表現得尤為明顯：出於孩子個人意願選擇的才藝班，孩子對於上課的期待度都相對較高；而如果是在家長的指點或要求下報名的才藝班，孩子往往從內心產生抗拒，即使試探著完成任務，也只能算作「勉為其難」。同樣是學習，孩子所表現出的態度迥然不同，學習的結果自然也大相逕庭。產生這種差異的原因就是，孩子對於報才藝班這件事情是否有自主感。如果孩子對於一件事沒有自主決策的能力，而是被父母安排或命令去做的，那麼他們就很難將其看作自己的分內事，自然也就很難做好。只有當孩子具備自主感，擁有了某些可以自己說了算的瞬間，他們才會對相關事情擔負起責任，並且積極主動地去完成。

成就感

成就感是能把事情做好的能力和信心。培養孩子自主選擇是引導學習的第一步，而後續的學習過程則需要成就感的支撐。需要注意的是，成就感強調的不是能不能做到，而是感覺自己能不能做到。它更像是一種精神上的信念，而這種信念對於一件事的完成至關重要。成就感培養的是，當孩子面對新事物時可以對自己說「我可以」，而非「我做不到」。

當孩子在實踐中取得豐碩的成果時，會受到來自內在自我和外在家人的雙重鼓舞，這會讓孩子擁有更願意繼續堅持下去的勇氣，保持自我提高的原動力。孩子在某件事上習得的經驗、能力都可被看作實踐成果，家長們不必將成功看作孩子獲得成就感的唯一標準。例如當孩子練習足球射門時，不是只有進球才值得被關注，整個過程中，孩子每一次角度的調試、力度的調整，表現出來的觀察力、持續力都應當被家長看見和認可。這樣做，孩子會從中獲得持續的信心和勇氣，對踢足球這件事也就擁有了更強烈的成就感，不會因為一次失敗就放棄。

如果一個孩子具備了歸屬感、自主感和成就感，那就說明我們幫助孩子找到了內心的意願。尊重孩子的想法，讓孩子在父母或他人的正向激勵中成長，那麼，孩子對自己的學習和生活就會迸發出非常強大的原動力。一個有原動力的孩子能從被動學習變成主動迎接學習的挑戰。

化「要我學」為「我要學」的四個方法

基於學習原動力的形成原理，我們可以用一些具體辦法幫助孩子激發學習原動力，這裡給大家介紹四個切實可行的小方法。

正面語言：無條件接納的歸屬感

「無條件接納」指父母接納自己的孩子是基於孩子本身具有的無限價值和尊嚴，與孩子的相貌、才能、成就、社會地位無關。透過「正面語言」，即帶有積極色彩、能起到寬慰鼓舞力量的語言，讓孩子感受到無條件的接納。

我們來假設一個情境：在班上成績一向吊車尾的孩子，這次突然考了不錯的成績，他興高采烈地回來跟你分享，臉上是止不住的開心和得意。此時你的做法會是如下哪一種？

A. 雖然開心但仍嚴肅提醒：「取得一點成績就自我滿足洋洋得意，可別下次考試又吊車尾了。」

B. 溫柔鼓勵：「很開心你跟我分享這麼好的消息，你透過自己的努力，取得了這麼理想的成績，真應該為你自己感到驕傲。」

看起來B簡直是無懈可擊的完美答案，真的會有人選A嗎？然而事實上，很多家長在面對這樣的事時脫口而出的往往是A。其實A的做法當然也可以理解，家長出於長遠發展的考慮，希望孩子能戒驕戒躁，繼續努力。擔心如果不提醒孩子，孩子就會飄飄然，在學習上鬆懈下來，下次考試會回到老樣子。

但是，我要提醒大家：孩子在取得一次非常好的成績後，下次有極大可能不會再創輝煌，但這並不是孩子驕傲造成的。正如丹尼爾·卡尼曼透過實驗闡釋的「回歸平均值現象」：無論你這一次是發揮超常還是失常，下一次很大機率都會回歸到正常水準。透過這個實驗，我們就能明白：孩子取得好成績後的下一次失利，並不是因為孩子驕傲了。反之亦然，當孩子考了很差的成績，被家長訓斥後成績變好，也不是因為被訓斥了。因此，A話語中看似合理的部分被消解了，不合理的部分則被放大了。當我們忍不住提出負面擔憂，並且用語言打擊孩子時，破壞的可能是孩子的歸屬感。孩子會覺得「反正我怎麼努力，你都不會滿意，我學起來也沒什麼意思，算了，不學了」，或者「你不愛我，除非我做到最好」、「你不會理解我，也不會接納我」。

在家庭中沒有歸屬感的孩子是很難有自我驅動力的。我們在生活中要避免這種負面語言下的打擊式教育，而應當多跟孩子說類似B的正面語言，給孩子正向的鼓勵和認可，例如「很高興，你告訴我……這件事」、「關於……你做得很棒，真為你驕傲」等。當孩子的成績不理想時，你可以跟孩子說：「我看到你很沮喪，你覺得這次成績不理想，你可以想想怎樣才能掌握那些題目重點，需要幫助的話可以隨時來找我，我相信透過努力你可以做得更好。」看見孩子的情緒和努力，和孩子站在同樣的方向上，讓他們切實感覺自己是被家人接納和包容的，且這種接納並不是因為分數。這樣的做法更容易讓孩子產生歸屬感，從而更有信心面對下一次挑戰。

選擇式提問：小步放權，逐步自主

一提到給孩子放權，父母首先想到的往往是放飛自我、局面失控、麻煩加倍等負面情境。的確，我看到過一些父母嘗試完全不管孩子的作業，讓孩子自行決定，最後卻發現孩子根本沒有獨自規劃和完成作業的能力。而且，第二天不是忘記帶書，就是少了筆。更麻煩的是，家長還要承擔由此引發的一系列連鎖問題，例如被老師在班級群組裡單獨點名批評，或者被喊去學校給孩子送書本文具。不得已，送出去的權利又只好再收回來，還要感嘆一句：能夠放權的是別人家的孩子，自己家的孩子太頑劣，不管根本不行。

其實，正是因為父母不相信孩子有自主決策的能力，才在日常生活中對孩子的行為管控過多，造成了彼此間行為關係失衡。而不講求方法的驟然放權，更加劇了雙方的認知衝突。我們經常會看到，父母和孩子之間出現這樣的對話：「行了，我不管你了，你愛怎樣就怎樣吧。」而等孩子真的愛怎樣就怎樣時，比如去看電視、玩遊戲、踢足球時，父母又會跳出來一聲大吼：「你作業寫完沒？沒寫完你就看電視？」結果當然是引發親子衝突。

給孩子放權，可以先從一小步開始。愛德華．L．德西在他的著作《內在動機》裡講過一個故事：有個老人總是不按醫囑吃藥，醫生怎麼叮囑都沒用。但是有個醫生只用了一句話，就解決了這個問題。他問老人一天中什麼時候服藥對她來說是最好的，就是這樣一句話，老人開始按醫囑吃藥了。因為她獲得了自己做決定的權利，哪怕只是這麼微小的一個權利。成年人尚且如此，更何況孩子。

逐步給孩子放權，有個特別好用的方法，那就是用選擇式提問，使用「先做……還是先做……你自己決定」的句式，讓孩子在有限的選擇裡發揮自主能動性。比如放學回家，你可以對不願意寫作業的孩子說：「先做國語，還是先做數學，你自己決定。」休息時間，你可以跟孩子說：「玩卡片遊戲還是樂高，你自己決定。」提出選擇式提問時，要注意兩點：首先，兩個選擇都是你能接受的。如果你心中預設了答案，比如你覺得國語一定要先完成，而孩子選了數學，你卻跟他說：「媽媽覺得還是先完成國語會更好，你覺得呢？」那麼這個放權就是失敗的，孩子會覺得自己的選擇根本沒有意義。其次，提問後一定要加上「你自己決定」，因為這會讓孩子真切地感覺到可以「由我自己來做主了」。當孩子經歷過一次又一次為自己做小決定後，就能逐漸習得自我決策的能力，也就能更好地對自己的學習和生活負責了。

啟發式提問：充分放權，享受自主

當孩子在家長的引導下逐步踏入自主世界後，家長可以開始嘗試給予孩子更充分的自主權，讓孩子真正感受自主的魅力。這時候，父母的做法可以由選擇式提問轉變為啟發式提問。這裡我們也來假設一個情境：孩子英文考試每次都不及格，於是你給孩子報了一個英文補習班，孩子不願意去，但不得不去。上了幾節課後，孩子越來越抗拒。有一天，孩子跟你說：「我不想上英文補習班了，這個星期我是不會去的。」面對這樣的突發狀況，作為家長的你，第一反應是什麼呢？

- 「你說說你不上課你想幹什麼？你自己能學好嗎？你必須給我去上課。」
- 「你英文要是能考及格，我也不至於非逼你去上課吧？」
- 「錢都交了，怎麼能說不上就不上？」

這一套三連問下來，親子間的溝通通道就被家長單方面地切斷了。站在家長的角度，我能夠理解父母是出於為了孩子好的心態，希望孩子能明白其中利害，能鼓起勇氣攻克學習難關。但當我們這麼做時，在孩子心裡可能只有一個念頭：「我是被你逼的，我只能聽你的，什麼都是你說了算。」最後的結果，無非是孩子無奈去上課，但心不在焉，學習效果不會很好，或是孩子堅持己見與家長大吵一架，無論哪種都是對親子關係的一種消耗。

那麼，如果我們用啟發式提問的方法跟孩子溝通，結果會怎麼樣呢？比如，我們對孩子說：「謝謝你告訴媽媽你的真實想法，但是你的英文基礎薄弱，如果不報補習班，你有沒有其他更好的解決辦法？媽媽想聽聽你的意見，你還需要媽媽給你提供其他什麼樣的幫助呢？」透過這樣的啟發式提問，孩子會產生一個自主思考的過程，他會將提高英文成績看作自己的事情，需要自己尋找解決辦法，同時他也能夠感受到，自己的想法是被人尊重和聆聽的。當孩子覺得自己可以做主的時候，他會更有責任感，也更願意付出努力，而不會感覺自己在接受別人的意志，是被父母強迫學習的，從而把所有的精力都用在和家長的對抗上。

激勵式刻意練習：小目標產生成就感

大家也許注意到，孩子玩遊戲時常常不用家長教自己就能學會，對有的遊戲還會沉迷其中，無法自拔。其實這跟遊戲的難度設置關係不大，而是與遊戲的玩法息息相關。那些遊戲之所以能夠讓孩子上癮，往往是因為孩子在遊戲環節中獲得了「我可以」的滿足感，這極大地鼓舞了孩子玩遊戲的鬥志。即使有一、兩個環節十分艱難，但是因為有之前的成就感作為心理基礎，孩子依舊會鍥而不捨地再接再厲，而每闖過一關所得到的激勵更是會讓孩子的美好體驗再次升級。

我們可以模仿遊戲的設置，把這種遊戲中的美好體驗轉移到學習中。舉個例子，練琴已經成為親子關係中的高危機事件之一。當孩子說：「媽媽，我不想練琴了。老師彈得那麼好，我怎麼練也不可能跟他彈得一樣好。」許多家長常用的做法可能是告訴孩子：「老師彈琴彈得好，是因為他一直持續練習。你要是不多練習，怎麼可能跟老師一樣彈得好？別拖拖拉拉了，趕緊去練琴。」這樣的溝通方式並不能真的解決孩子的疑惑，只會讓孩子在一次次的反覆練習中體會到更多的挫敗感。

我們可以換一種方法跟孩子溝通。在孩子陷入學習瓶頸、信心受挫時，我們需要做的是幫助他們一點點找回信心。可以分兩個步驟做：

第一步，分解目標，刻意練習；

第二步，及時鼓勵，適時激勵。

以彈鋼琴為例，你可以試著跟孩子說：「你想要和老師彈得一樣好，的確沒有那麼容易，不過你可以把這個大目標分解成許多個小目標。比如，這一週你先練習指法，給自己定一個指法練習的目標，看看你每天需要做些什麼。」把大目標分解成小目標，然後再把小目標變成每天需要做的刻意練習，加上家長的及時鼓勵和肯定，在這個過程中，孩子就會漸漸覺得：「我可以，我能夠做好。」

在刻意練習的過程中，家長們不妨讓孩子自己設計一些達成目標的激勵方式。比如，孩子學書法，在練習到一定程度後，可以把孩子的作品裝裱起來掛在牆上。

這對孩子來講是一種成就感的體現。再比如學鋼琴，當孩子練習一段時間後，可以讓他給家人或者朋友演奏自己拿手的曲子。孩子如果從學習過程中持續得到成就感，他學習的動力就會源源不斷地產生。但是，需要注意：激勵方式需要孩子自己認可，而且不要讓這種外部激勵變成主導。孩子努力達成目標，不只是為了獲得這些激勵，而是感受完成目標時的美好體驗，確認自己是有能力的，從而獲得成就感。

本章重要工具

激發孩子學習原動力的三個要素：

① 歸屬感
② 自主感
③ 成就感

化「要我學」為「我要學」的四個方法：

① 正面語言：無條件接納的歸屬感
② 選擇式提問：小步放權，逐步自主
③ 啟發式提問：充分放權，享受自主

④激勵式刻意練習：小目標產生成就感

使用場景：當孩子缺乏學習原動力、做事拖拖拉拉、沒有興趣時，要幫助孩子獲得歸屬感、自主感和成就感。幫助孩子找到內心的意願，尊重孩子的想法，讓孩子能得到父母或他人對自己所獲得成果的正向激勵。

注意：不要強迫孩子，給孩子選擇的自主權；使用啟發式提問時不要給孩子預設答案，尊重孩子的意願。讓孩子將大目標分解成小目標，並設立達成目標的激勵，從而獲得完成目標的美好體驗，但是不要過多設置物質獎勵，那樣會削弱孩子的自主感，使之成為物質誘惑的俘虜。

能讓孩子學到什麼：讓孩子知道學習是自己的事情，定下目標，分解目標，最終將其變成可執行的方案。讓孩子從小目標的達成中獲得「我可以」的成就感，激發他對學習的興趣和自主性。

本章小練習

學會使用啟發式提問

遇到孩子的對抗時，如果你覺得自己以前使用的方法無效，可以試著做這樣一個練習：回想一下當時孩子的表情、說過的話語，細細體會當時孩子內心的感受、想法和決定分別是什麼，用紙記錄下來。如果在遇到這些問題時要採用啟發式提問激發孩子的原動力，你會怎麼提問？

遇到的挑戰	
孩子的感受	
孩子的想法	
孩子的決定	
如果採用啟發式提問，你會怎麼說？	

03 建立目標感
收穫達成目標的喜悅

每當新學期開始，家長們都會絞盡腦汁地為孩子制訂無數個學習目標：起床背單字、睡前讀書、持續鍛鍊身體、考試得九十分以上……彷彿小學霸們蓄勢待發，呼之欲出，但結果往往是執行了沒多久，目標計畫就統統作廢。為什麼明明仔細規劃了目標，卻總是不能達到預期的效果呢？

目標要「大處著眼，小處著手」

其實，很多人的目標立了就倒，無法實現，是因為他們還沒有正確理解什麼是目標。

目標是指評判某項工作或某件事情結果好壞的標準。那些合格的目標往往符合SMART原則：

● S（Specific）：目標是具體的，而非模糊的。比如，做一個好孩子，就是一個模糊的目標；每個月讀一本書，就是一個具體的目標。

● M（Measurable）：目標是可以用數字來量化的。比如，每天背三個單字、每天寫一篇日記等。

● A（Attainable）：目標是可以達到的，而非虛無縹緲不可達成的。比如，一天減肥三十公斤，就是不可能達成的；一天寫五道數學題，就是可以達到的。

● R（Relevant）：目標要與整體發展方向具有一定的相關性，達成這個目標對某些事物具有推動作用。比如，每天跑步二十分鐘，有助於提升免疫力，增強體魄。

● T（Time-bound）：目標具有明確的期限。比如，三天內寫完一篇作文。

人們在樹立目標時總是習慣從宏觀入手，卻缺乏對細節的考量，因此也就無法量化操作和執行。究其原因，就是不會「拆分」目標，不知道如何將一個長期目標拆分成一個個可實現的子目標。曾國藩認為，處理事情的最好方式是「大處著眼，小處著手」。這句話是在提醒我們，做事要俯瞰整個大目標，再將其合理地拆分成若干小目標，從小處出發，在每個子目標的成功裡收穫自信心，一步步地實現總目標，走向最終的大成功。

學習也是這樣。北大一個學霸曾經分享過自己的經歷：「小時候，我爸爸媽媽很會引導我制訂非常貼切的學習目標。比如我上小學和國中時，爸爸會一直幫我整理答錯的題目，根據我的認知水準，不斷地幫助我拓寬知識面。學習目標不會特別高，不是『一定要考班上前三名』，但是每個目標我都能完成，這讓我在學習上有很大的熱情。」所以，家長不要只關注宏大計畫，學會目標拆分才是制勝關鍵！合理的目標拆分必須基於現實，又高於現實，它既不會讓你伸手就搆到，也不會讓你無論怎麼跳都搆不到。每次前進一點點，日積月累，就能取得長足的進步。

樹立目標感有助於提升學習原動力

多數家長都曾這樣和孩子定過目標：「這個學期你只要期末能進前十，我就滿足你一個心願，什麼願望都可以」或者「老師要求這學期讀完十五本課外書，你如果完成了任務，暑假我就帶你去×××玩」……有時候孩子看起來會因為父母的「威逼利誘」而努力完成目標，但是這種短期效應並不能讓孩子的學習發生根本性的變化，甚至有時候會導致親子衝突白熱化。

為什麼會出現這種情況？這些被敷衍了事或者不了了之的學習目標，說到底，是父母制訂的，是「要我學」，而不是孩子想要的「我要學」。孩子心中沒有建立起對應的目標體系，缺失目標感，自然也就不會主動完成家長制訂的學習目標。

所謂目標感，是指一種以達成目標為導向的思維意識。當人們遇到困難時，為了實現目標所付出的艱苦努力，堅持向著目標衝刺的毅力和拼勁，都是目標感作用的結果。

哈佛大學的一項社會調查表明：在一群智力、學歷、環境等條件相似的年輕人中，27％的人沒有目標，60％的人目標模糊，10％的人有清晰但比較短期的目標，3％的人有清晰且長遠的目標。透過二十五年的跟蹤研究發現：那些占3％的有清晰長遠目標的人，二十五年來幾乎不曾更改過自己的人生目標，一直朝著規劃的方向穩步前進，二十五年後他們大多成了社會各界的頂尖人士；那些占10％的有清晰但短期目標的人，大多生活在社會中上層，成為各行各業不可或缺的專業人士。他們的共同特點是，短期目標不斷被達成，生活狀態持續提升；那些占60％的目標模糊的人，幾乎都處於社會的中下層，他們能安穩地生活與工作，但都沒有什麼特別的成績；至於剩下的27％沒有目標的人，他們生活糟糕，常常失業，幾乎都處於社會的最底層，總是怨天尤人。

其實，他們之間的差別僅僅在於：二十五年前，他們中的一些人就已經知道自己最想要做什麼，另一些人則不太清楚或完全不清楚。英國文壇巨擘湯瑪斯．卡萊爾說過：「人若沒有目標，就像船少了舵。」顯然，明確目標，樹立目標感，有助於驅動個體學習及其認知能力的提升，對其人生的成功也有著至關重要的意義。

所以我們經常會對孩子說「找到你的目標」、「找到你的興趣」，甚至會因為擔心孩子內心沒有目標，而急於幫孩子制訂目標。許多家長都不知道，在孩子看來，那些由父母制訂出來的目標，只是用來管制和約束他們的，因此他們很難從內心認可並為之努力。只有當目標是孩子自己制訂的時候，他們才會形成一種目標感，才會願意付出努力，並修正自己的行為。就如《溫和且堅定的正向教養》一書的作者，著名教育專家簡．尼爾森博士所說：「孩子更願意執行他們按自己意願決定的事情。」

也許有的家長會認為：「我家孩子就是沒有目標，好像什麼都無所謂，如果我不在身後推著他，他就什麼也不做。」實際上，每個孩子都追求進步。當孩子呱呱落地時、蹣跚學步時、睜著好奇的眼睛圍著老師追問為什麼時，他們的身上總是孕育著向好向上的力量，但這並不意味著孩子會自動自發地生出學習動機，自覺自律地去完成學習計畫。這時，家長需要去激發孩子，讓他們對目標產生興趣，讓他們認可「樹立目標是基於自身想法的重要決定」。比如，讓孩子看到實現目標的諸多好處，和孩子一起提前策劃實現目標後的慶祝方式等，還要保證在孩子感到懈怠或無助時及時給予支持和幫助。

✔六步目標法，激發學習原動力

那麼，如何幫助孩子樹立切實可行的目標，並幫助孩子有效執行呢？具體來說，可以按下面的這六個步驟來進行。

第一步：「誰說了算」——激發動機，讓孩子自己確立目標

首先我們要明確知道，學習目標必須是孩子發自內心認同的。孩子學習或堅持做某件事的意願從哪裡來？為什麼孩子會對某些事情始終充滿熱情，而對另一些事情毫無興趣？這是因為一個人的積極意願雖然取決於很多因素，但在所有因素中，「認為堅持這件事對自己有好處」是最根本的一點。

有時候，生活中一些必須去做的事情或必須實現的目標和孩子的本心並不相符。這個時候，我們不要用家長、學校或者其他權威去壓制孩子內心的真實想法，而應該像朋友一樣耐心地和孩子溝通。為什麼老師（或其他權威人士）會制訂這樣一個目標？完成這個目標會有哪些實際的好處或價值？這些都是需要家長陪伴孩子一起挖掘的。透過讓孩子暢想實現目標後能夠得到的益處，來激發孩子努力學習的動機，啟發孩子自己確立明確的奮鬥目標。只有這樣，才能最大限度地激發出孩子學習的自覺性和主動性。

第二步：「跳一跳搆得著」——把大目標拆解為一個個難度適當的小目標

一九六八年，美國管理學家艾德溫·洛克提出了一個著名的目標設置理論——洛克定律，即要確定「跳一跳，搆得著」的目標，才能專注行動。也就是說，目標設置不要太高，否則一旦摔下來就會把自信也摔掉了。同時，目標設置也不能太低，

太低了就會讓人失去鬥志。就像籃筐的高度設計，既不會讓人們輕易地進球，也不會讓大家永遠進不了球。制訂目標就像投籃一樣，那種要跳一跳就能完成的目標才有效。合理設置目標難度，才能更好地激發人的鬥志。

當我們過於追求宏大目標時，它就會變成壓力壓在孩子心上，孩子就會因此產生畏懼。一旦孩子有了怕難的心態，那些原本可以實現的目標也如高山一般難以翻越了……但如果我們把一個大目標分解成一個個讓孩子「跳一跳就能搆得著」的具體小目標，孩子就能夠很清楚現在該做什麼，怎樣做能更好。比如，要求孩子下次國語考九十分以上的大目標，可以將其拆分為基礎知識、閱讀理解、作文等多個小目標，逐個突破。每完成一個小目標，孩子都會變得更有信心，從而產生更大的學習原動力。看似很難達到的九十分或許就在一次次完成小目標的過程中輕鬆實現了。

第三步：「及時提醒」——和孩子約定提醒信號

完成目標拆分並不意味著一勞永逸。在目標執行的過程中仍然還會遇到諸多難以預料的困難，一旦孩子洩氣了，感覺枯燥、沒有興趣了，就又會退回到過去的行為模式中。中途退步比沒有目標更容易讓家長陷入焦慮，從而進入「咆哮」模式，責備孩子沒毅力、沒恆心、不能吃苦。這樣的指責會進一步擊垮孩子的意志，讓孩子越加感到灰心，索性走向極端，親子關係也因此陰雲密布。

所以，在把大目標拆分為小目標後，家長可以和孩子討論一下，如果他忘記了小目標或不想堅持了，希望別人如何提醒他，並和孩子約定一種有趣的提醒方式。「如果你做作業的時候又東張西望，你想讓我用什麼手勢來提醒你？」、「如果你有一天不願意繼續跑步了，你希望我怎麼跟你說？」

當家長把這個決定提醒方式的主動權還給孩子時，提醒就不再是指責，而是孩子所期待的一種幫助。比如，孩子某天不願意睡前閱讀時，家長可以摸摸他的頭，一起唸出你們曾約定的暗號「巴拉巴拉，賜你智慧」。用孩子喜歡的有趣方式去提醒他們，既能夠避免陷入親子戰爭，又能讓孩子克服懈怠情緒，積極行動起來。

第四步：「微小成就感」——讓階段成果清晰可見

孩子每實現一個小目標，我們都要及時鼓勵，肯定孩子在這一階段的辛苦付出，讓孩子收穫滿滿的成就感。接下來，如果我們能夠把這些達成的目標（也就是關鍵成果）變得可見，孩子就能在這種可視化的點滴成就感裡得到更多激勵。相信不久之後，孩子就會朝著下一個更高的目標奮力進擊。

在制訂學習計畫時，很多優秀學生都會採用一種叫作「目標清單」的方式，將所有要完成的學習任務列成清單，每完成一項就打一個勾，或者直接將清單內容劃掉。這個方法既能將學習目標的完成進度可視化，也很好地加強了孩子在學習過程中的儀式感。而對年齡小一些的孩子，家長可以採用更有趣的方式和他們一起完成這件事情。比如，把學習任務寫在漂亮的小紙條上，孩子每完成一項任務，就把小紙條疊成一顆幸運星放入玻璃罐裡。或者準備一些寫有激勵措施和獎品的貼紙、卡片等，建立一個「家庭努力銀行」。孩子每完成一個小目標，就可以獲得一項相應的獎勵……

兒童心理學家魯道夫．德瑞庫斯曾說：「一個孩子需要鼓勵，就像一棵植物需要水一樣重要。」當父母帶著一種賞識的眼光看待孩子在學習上的每一點進步，並及時鼓勵孩子的每一份付出時，父母和孩子必將收穫一份成果！

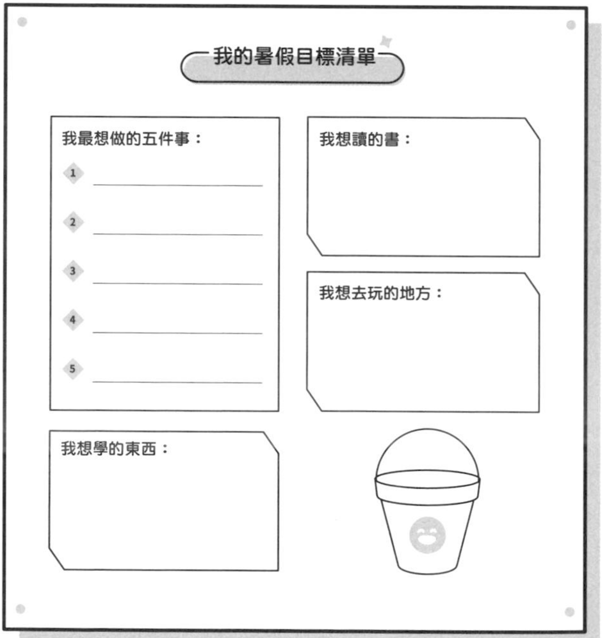

圖 1-2

第五步：「及時總結」——根據變化，適時修正目標

家長要切記一點，小目標並不是固定不變的。在實踐過程中，很多原因都會造成目標的錯位。這時候，家長可以利用自己豐富的經驗協助孩子調整或修正目標，保持目標的靈活性。在幫助孩子修正目標時，有如下三種方法：

首先，修正目標的完成期限，即適當地延長成功的期限。比如，原定晚上九點半寫完作業，但因孩子參加課外活動占用了時間，那麼就可以把作業完成時間相應地向後推遲。但事前一定要和孩子溝通，解釋這次為什麼可以延長時間，千萬不能讓孩子誤把特例當習慣。

其次，修正小目標的量。如果時限不能調整，我們還可以修正目標的量，以此來配合我們的整體進度。比如本來和孩子約定每天晚上的閱讀時間為半小時，但因為放學後孩子去了書店，那麼睡前閱讀時間可以改為十五分鐘。

最後，制訂新的小目標。當我們朝著一個目標持續努力了一段時間，卻發現無法如期完成，那就應該停下來和孩子商量一下，有沒有更好的解決辦法。比如，我們和孩子約定，為了在期末體育考試中順利過關，每天持續跑步二十分鐘。但最近寒風凜冽，孩子出門鍛鍊的意願降低，那我們就可以考慮把到室外跑步換成在家裡做運動。

請注意，在做調整決定時，家長務必「三思而行」，不要輕易壓縮小目標，或者調整目標的難度，以此應付每天的學習計畫。而是應該不斷地幫助孩子優化做事

的方法，提高效率。

第六步：「儀式感」——及時鼓勵孩子

當我們完成了學習目標的制訂和修正後，對於孩子目標感的培養就已經完成了80%，而剩下的20%則來自如何放大和延續建立目標這件事，使之成為一個長久持續的習慣，而這主要依賴於學習過程中「儀式感」的建立。儀式感未必是具體到物質層面的行為，也未必是某個特定的日子或時刻，它更多傳遞的是一種家長和孩子對於當前學習階段性成果的肯定態度。塑造儀式感會讓孩子更能體會到學習之樂。要提醒家長注意的是，這個儀式應該是孩子自己喜歡的方式。家長在設計儀式時，可以參照以下幾點提示：

1. 跟孩子討論，了解他希望用什麼樣的方式慶祝目標的達成。
2. 約定好後，要嚴格執行，千萬不要讓孩子覺得你言而無信。
3. 如果由於特殊原因不能進行慶祝，一定要提前告知孩子，並約定補償方式。

舉個例子，你和孩子一起制訂了一個三十天背誦三十首古詩的短期目標。孩子提出，希望實現目標後，父母能夠訂一個他最喜歡的蛋糕，並同意他邀請自己最好的兩個朋友來家裡一起分享。三十天後，如果孩子持續下來實現了目標，那麼作為家長，除了及時地肯定孩子的努力，你還應該根據約定訂購蛋糕，並約上他的朋友，一起見證孩子的成功。切記不要出於嫌麻煩等原因失信於孩子，孩子對於學習的熱情建立起來很難，被摧毀卻在一瞬間。保持充滿儀式感的正向回饋，相信會讓孩子有更好的學習體驗。

本章重要工具

六步目標法：

① 「誰說了算」——激發動機，讓孩子自己確立目標
② 「跳一跳搆得著」——把大目標拆解為一個個難度適當的小目標
③ 「及時提醒」——和孩子約定提醒信號
④ 「微小成就感」——讓階段成果清晰可見
⑤ 「及時總結」——根據變化，適時修正目標
⑥ 「儀式感」——及時鼓勵孩子

使用目的：幫助孩子找到學習目標，讓孩子具備學習主動性。幫孩子建立切實可行的目標，並且能夠讓孩子有效地執行。

注意：當目標執行一段時間後，如果完成難度很大，或者太過容易，可以根據實際情況適當地修正目標，比如修正目標數量、完成期限，或者重新制訂小目標。但是要以「跳一跳搆得著」為原則，不能草率行事。

能讓孩子學到什麼：幫助孩子知道自己能夠到達的終點在哪裡，了解自己在指定時間裡需要做什麼。每一個小目標的達成都會讓孩子獲得一種成就感。

本章小練習

幫助孩子學會自己確定目標

根據六步目標法，練習幫孩子達成目標。比如，你的孩子有一個三十天閱讀十萬字的目標，根據我在這一章提到的六步目標法，和孩子一起制訂一個目標執行方案。你要如何給孩子提供支持，幫助他達成這個目標？

04 累積成就感

在鼓勵中成長

對孩子而言，追求成就感是他們的天性。在成長過程中，孩子所表現出來的探索、模仿、遊戲行為都出於他們對成就感的需要。具有成就感的兒童能夠感知到自己的力量和價值，始終都會覺得自己「能做到」。那麼，父母應該怎樣做，才能幫助孩子獲得成就感呢？

✔培養成就感的三個原則

在培養孩子成就感的過程中，有幾個行動原則需要家長格外注意。

避免比較

我們小時候經常聽見家長說「別人家的孩子……」，甚至在成年後，這種比較仍然無可避免。電視劇《小捨得》裡原本性情開朗、多才多藝的夏歡歡，在母親多次將她與成績優異的米桃對比後，逐漸懷疑自己，變得性情暴躁、自我封閉，甚至最後離家出走。在做教育的這幾年裡，我聽到太多孩子跟父母抱怨：「你要是喜歡那個孩子，為什麼要生我呢？我也不想學不好，可成績就是沒有她高，我能怎麼辦？」將孩子和別人比較的害處在於，它摧毀了孩子的自信心和成就感，孩子開始在想像中預設自己不行，而不再嘗試尋找解決辦法。

作為父母，既不要主動地比較孩子，也要注意不要在任何情況下無意識地比較孩子。世界上不會有兩片一模一樣的樹葉，也不會有兩個一模一樣的人。每個人在世界上都是一個獨立的個體，每個人也都有自己的優勢和劣勢，盲目的比較只會帶來不必要的爭端。好的做法是，家長引導孩子正視自己的優勢和不足，對優勢給予鼓勵，對不足給予幫助。孩子和過去相比，每一天都在進步，就是最好的結果。

具體表達

A.「你這次國語考試成績不錯。」

B.「你這次國語考試作文寫得很有感情，古詩詞默寫也全對了，很厲害。」

很明顯，兩者雖然都是鼓勵，但B蘊含的語言情感值明顯高於A，這是因為B包含了更多對具體細節的描述。這兩者的區別在於，當你使用具體細微的語言描述一個結果時，往往代表你也看到了過程，這是比結果更重要的事。以上面的B為例，父母不僅看到了孩子這次國語成績不錯，還關注到孩子在作文和古詩詞默寫的部分中表現良好。而這一點可能要歸功於孩子近期以來的持續閱讀、每日默寫，是孩子不斷累積才取得了如此優秀的成果。對孩子來說，他既可以感受到父母對結果的肯定，又進而感受到父母對於他學習過程的關注，從而會對接下來的學習有更多的期待和信心。B這種表達方式因為具備可以被聯想的引申空間，而產生了更大的鼓舞力量。這就是具體表達在對話情境中的魅力。

家長在表達鼓勵或肯定時可以多用具體語言描述，強化話語中的情感力量和引申性。例如，可以將「你這次數學沒考好」換為「你這次數學沒考好主要是因為你在計算能力上還有點兒不足，但我看到你創意思維題回答得很好。只要戰勝了計算問題，我們下次一定能更好」。

給予空間

在父母眼中，孩子無論到了什麼年紀都是孩子，父母永遠有操不完的心、解決不完的事。但仔細想一想，從嬰幼兒時期開始，孩子的認知世界就是依靠自己不斷地觸碰和摸索的。長大後，孩子對於世界的經驗也並非全部來自父輩的傳授，而是需要自己在與現實的交鋒中獲得。因此，家長不必過於擔憂，也不必總是將孩子緊緊護在懷中，而是應給予孩子自我服務、自我發展的機會，讓孩子在感知自我力量的同時習得駕馭生活的能力，收穫「我可以」、「我能做到」的積極心理體驗。

家長可以為孩子創設一個開放自由的學習行動空間，讓他們自主安排學習科目和學習時間。同時，關注孩子在活動過程中付出的努力，保持持續的溝通，及時對孩子在學習中的想法、行為給予認可和鼓勵，在恰當的時機幫助孩子設置幾個適度的學習挑戰，引導孩子感知學習過程中的內在滿足，在自己直面問題、解決問題中發展成就感。

學會正確使用鼓勵式語言

很多家長、老師都會把鼓勵和另一種語言混淆，那就是表揚。事實上，鼓勵和表揚有很大的區別。當一個孩子考了一百分，你表揚他時，你可能會說：「你真的是一個好孩子，你真棒！」但如果下次孩子沒考一百分，只考了九十分，他是否就不是好孩子、就不棒了呢？顯然不是。表揚是一種指向性非常強的語言，包含有能力者對沒能力者所做事情的評價，因此它只適用於特定的語境中。而鼓勵則不然，在孩子取得好成績時，我們可以鼓勵他，在孩子遇到挫折時，我們仍然可以鼓勵他。當孩子考了一百分、九十分、八十分時，你都可以鼓勵他說：「我看見了你的努力。」這句話並沒有突出強調分數這個結果，而是肯定了孩子獲得這個結果的努力過程。

有時候，父母本來是想對孩子說兩句鼓勵的話，可是實際說出來的話卻起到了反效果。久而久之，父母與孩子的溝通就會受到影響，孩子對父母的信任也會隨之動搖。那麼，我們應該怎樣表達對孩子的鼓勵呢？

描述式：我看到你……（描述具體的行為）

在我還是中學生的時候，我負責幫助老師收齊當天的作業本。一個班有幾十個人，分成好幾個小組。於是，我將收到的作業按組整理好，一組本子書背朝內，一組本子書背朝外。原本我只是為了方便自己區分，結果第二天老師跟我說：「我看到妳把作業本做了一個小處理，這樣老師批改後分發作業就能節省時間，謝謝妳。」老師的那句話讓我特別受鼓舞。一直到現在，我都記得自己做了一件小事被看到的心情。「我看到」三個字，就像聚光燈一樣「啪」的一聲照亮了孩子身上那些隱藏的特質和未被注意到的行為，讓孩子感受到自己是被父母和老師重視的，自己的行為得到了反饋。

「我看到」後面的客觀描述，代表這句話不帶有評價的色彩。個體心理學家阿爾弗雷德．阿德勒認為，當我們評價一個人時，就會天然地帶上一種俯視感，這時雙方的關係就變成了自上而下的縱向關係，不利於人際的溝通與交流。而如果只是客觀描述孩子的行為，家長就和孩子站到了平等位置上，孩子會更容易從中受到鼓勵。當看到孩子做了一件有價值的事情時，我們只需要客觀地描述這件事情。例如，「我看到你每天晚上都持續閱讀三十分鐘」、「第二天上課要用的東西，我看到你都自己收到了書包裡」、「我注意到你今天晚上不到九點就完成了所有作業」……

欣賞式：謝謝你……（做了什麼事情）

中國式的情感表達是相對內斂而含蓄的，這源於中國幾千年來對意象之美、朦朧之美的追求。即使在現代社會，我們依然很少會在與父母或子女的親密關係中，自然熱烈地表達一句「我愛你」、「謝謝你」。也有一些朋友覺得，都是一家人，謝來謝去的多見外啊。其實，真誠地說一句謝謝，並不是見外，也不是矯情，而是表達內心情感的重要通道。

朋友生了小女兒後，大兒子就開始變得特別不好溝通。朋友讓他這樣，他偏要那樣。有一天晚上，妹妹要洗澡，兒子在旁邊吵著讓媽媽抱。媽媽對兒子說：「媽媽需要你幫忙，給媽媽遞一下妹妹的沐浴露。」兒子聽完詫異了一下，但還是馬上拿了沐浴露遞給媽媽。媽媽說：「謝謝你給媽媽幫忙。如果不是你，媽媽抱著妹妹再去拿沐浴露，就會很吃力。」兒子立刻表現得十分開心，追問媽媽：「媽媽，妳還需要我的幫助嗎？要不我給妳拿妹妹的毛巾吧？」

在這個例子中，媽媽的一句「謝謝」，就是對孩子所做事情的一種肯定，也是對孩子的鼓勵，讓兒子不再覺得自己總是給父母添麻煩，而是感受到自己是能夠給予父母回饋的，對於父母而言是有幫助的。所以，父母在每一個可以對孩子說謝謝的時刻，千萬不要吝嗇你的謝謝。例如，「剛才媽媽工作的時候，謝謝你沒有打擾到我，而是自己安排好了今晚的作業」、「謝謝你把在學校裡遇到的不開心的事告訴媽媽，我覺得被你信任是件很幸福的事」、「今天早上媽媽有點情緒失控，謝謝你過來抱抱我」……

賦能式：我相信……（我對你有信心，我信任你）

如果你問我，多年的家庭教育和兒童閱讀推廣工作給我留下最深的教育感悟是什麼，我會毫不猶豫地回答：要相信「相信的力量」。「我相信……」是有神奇魔力的話語，它可以撫平聽者內心的怯懦和緊張，賜予他們面對未知事物的勇氣。在這方面，有個媽媽曾分享了她的故事。她上一年級的兒子，每天晚上詢問媽媽自己接下來要做什麼作業，有一天晚上，這位媽媽跟孩子說：「你可以自己決定現在要做什麼作業，我相信你可以。」孩子在一瞬間的遲疑後，立刻歡天喜地地自己去寫作業了。一句簡單的「我相信」背後，是這個媽媽將選擇權賦予了孩子，她尊重了孩子的自由意志。

父母不斷向孩子傳遞相信的力量，能夠讓孩子充分展現其「完整性」和「天性」，並逐漸找到他們自己該走的路。這個「相信」不僅僅是指父母信任孩子，還在於父母應當引導孩子信任自己，幫助孩子成為他們自己成長路上的探索者。在一次次自主選擇的實踐中，孩子會逐漸習得自由、獨立、創新、快樂和滿足。

如果你確定自己能夠相信孩子，並且準備給孩子放權，那麼就不妨告訴他：「我相信你有做好這件事情的能力。」當然，這麼做的前提一定是你確實發自內心地相信他。

本章重要工具

鼓勵孩子的三個原則：

①避免比較

②具體表達

③給予空間

三種鼓勵式語言：

①描述式：我看到你……（描述具體的行為）

②欣賞式：謝謝你……（做了什麼事情）

③賦能式：我相信……（我對你有信心，我信任你）

使用場景：不管孩子是做得好還是遇到挫折時，父母都可以及時地給予孩子鼓勵，鼓勵孩子不要畏懼困難，繼續前進，即使失敗了也可以總結經驗重新再來。

注意：鼓勵孩子時，要透過客觀描述孩子的行為、表示感謝或者賦予孩子權利，來給予孩子肯定，讓孩子獲得成就感和價值感，從而獲得持續努力做某件事情的動力。鼓勵過程而非結果，鼓勵努力而非天賦。不要做不切實際的賦能，否則會讓孩子有挫敗感，喪失對自己的信心和對家長的信任，不要把賦能變成變相地提要求和施加壓力。

能讓孩子學到什麼：取得成就不要驕傲，失敗也不要氣餒，哪怕事情很枯燥、很困難，只要肯付出，就一定可以提高自己的能力，並且不斷地獲得成功。

本章小練習

學會正確地使用鼓勵式語言

當孩子學鋼琴、繪畫等堅持不下去時，當孩子做數學題遇到難題解不出來時，想一想，你應該怎樣給予孩子鼓勵？當孩子考了第一名、作文獲得了優等獎時，想一想，你應該怎樣給予孩子鼓勵？

事件	描述式鼓勵	欣賞式鼓勵	賦能式鼓勵

05 收穫價值感
持續學習的熱情泉源

我曾經在一次聚會中遇到過一個九歲的小男孩。當時，屋子裡的其他孩子都在打鬧、玩耍，他卻拿著手機全神貫注地看。剛開始我以為他在玩遊戲，走近才發現，他在看一個清華大學教授講的數學網路課程。他告訴我，這是他自己找到的影片，內容有點挑戰，但聽下來也能理解。他覺得很有趣，就一直在看。

這個小男孩的行為就是具有學習原動力的明顯表現，這類孩子除了在學校能夠高品質地完成學習任務之外，還會在課外主動學習其他知識。他們在學習中體會到的不是辛苦，而是無窮無盡的樂趣。取得優異成績、獲得和分享新知，讓他們感到快樂，學習讓他們有自我價值感。

價值感與需求理論

自我價值感是一種情感體驗，指人們看重自己，認為自己受到了尊重，在社會中受到了良好評價或發揮了積極作用。這種情感體驗可以表現為自信、自強等。相反，人們缺乏自我價值感，則會產生自卑等情感，甚至自暴自棄。自我價值的實現給我們帶來的愉悅，會不斷地促使我們進一步學習，成為自我驅動、自主學習的動力和泉源。

反觀有些孩子，總是對學習提不起精神，成績不理想，學習對他們來說是一件非常痛苦的事情。家長為了提升孩子的成績，往往會給孩子報很多補習班，但是效果並不理想，孩子對於學習反而更加抗拒。在這種情況下，家長不能一味地強調分數、逼迫孩子完成功課，而是要注重培養孩子的價值感。

要想增強孩子從學習中獲得的價值感，我們首先應該知道價值感從哪裡來。根據馬斯洛的需求層次理論，人的需求從

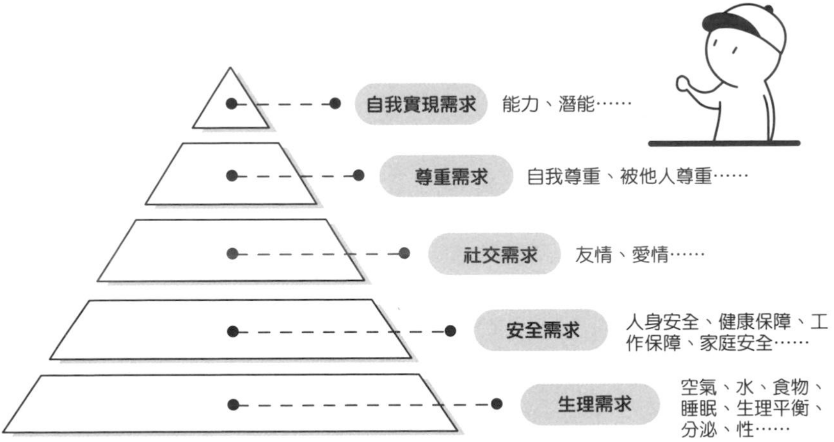

圖 1-3

低到高依次分為生理需求、安全需求、社交需求、尊重需求和自我實現需求。孩子在學習中獲得價值感的主要來源，也正是這五個方面。

生理需求、安全需求。透過生理需求和安全需求賦予孩子學習的價值感，就這個層面而言，很多家長都已經做到了。例如，將學習和吃飯、零用錢掛鉤，就是透過生理需求賦予孩子學習的價值感；而將學習和沒收手機這樣一些懲罰掛鉤，就是透過安全需求賦予孩子學習的價值感。

社交需求、尊重需求。這兩個需求是需求理論當中的高級需求，也叫精神需求。隨著孩子年齡的增長，尤其是進入青春期之後，父母透過生理需求和安全需求賦予的價值感對孩子就不再有吸引力了。無論是獎勵，還是批評、打罵，都無法促進孩子自主學習，因為透過這些方式賦予學習的價值感還停留在生理需求和安全需求上。如果不能在學習中滿足孩子更高層次的精神需求，使其獲得更多的價值感，他們就會逃避。

自我實現需求。這是人的最高追求，前文裡我提到過，目標感是孩子主動學習的底層原因。當孩子有明確的目標，知道自己想幹什麼時，他就能把學習與自我實現建立價值的連結。但是，孩子有主動學習的動力和自我實現的需求，不代表他們就能在學習這條路上突飛猛進。目標是動力，而不斷給孩子提供價值感的是學習過程中所有的正向反饋，這些訊息讓孩子產生源源不斷的熱情，體會到自我實現的價值。

現在孩子的價值體系和需求滿足方式都和父母那一代不同，他們很難僅僅從成績中獲得價值感，也不會為了長大後多賺錢而努力學習。所以，我們要在孩子的自主學習力的構建過程中引導孩子實現高層次的需求，讓他們挖掘自己的成就感和使命感，這樣他們才能有持續學習的熱情。

讓孩子獲得價值感的三個關鍵

激勵孩子自主學習的方式有很多，但無論是美食、旅行，還是直接的金錢獎勵，只要孩子不接受，這些方式就都是無效的。若想真正幫助孩子找到學習的價值感，就要從孩子的內在精神需求著手。這裡有三個關鍵點：

第一，找到適合孩子認知能力的「學習區」，使其獲得「心流體驗」

心流體驗是一種心理上的感受，例如，當我們全神貫注地解一道題時，常常會忘記時間，而最終解出來的那一刻，一種極大的滿足感湧上心頭，讓我們感到無比快樂，這就是心流體驗。「心流理論」的提出者是米哈里·契克森米哈伊，他是積極心理學的奠基人之一。他認為，心流是一個人完全沉浸在某種活動當中、無視其他事物存在的狀態，這種體驗本身能給人帶來莫大的喜悅和滿足。如果孩子能夠在學習上獲得心流體驗，那麼學習本身就能讓孩子感到興奮，獲得價值感。可見，幫助孩子在學習中獲得心流體驗是關鍵。

很多研究表明，孩子在學習難度適宜的內容時，最容易產生心流。難度太低，孩子會覺得興味索然；難度太高，則會挫傷孩子的學習積極性。諾爾・提區曾提出行為改變理論，他把學習的事物分成三個區域：最內圈是舒適區，指沒有難度的知識，或者習以為常的事物，學習這些內容時自身處於舒適狀態；中間一圈是學習區，學習這些內容時有一定的挑戰，會感到不適，但不至於太難受；最外圈是恐慌區，意思是這個區域裡的內容超出自己能力範圍太多，學習這些知識會令人感到心理嚴重不適，可能造成情緒崩潰，甚至放棄學習。

對於孩子而言，舒適區裡的知識，學起來得心應手，但是學到的東西很少，進步也很緩慢；學習區裡的知識，既有原本了解的知識，又包括一些新知識，在這裡，他們可

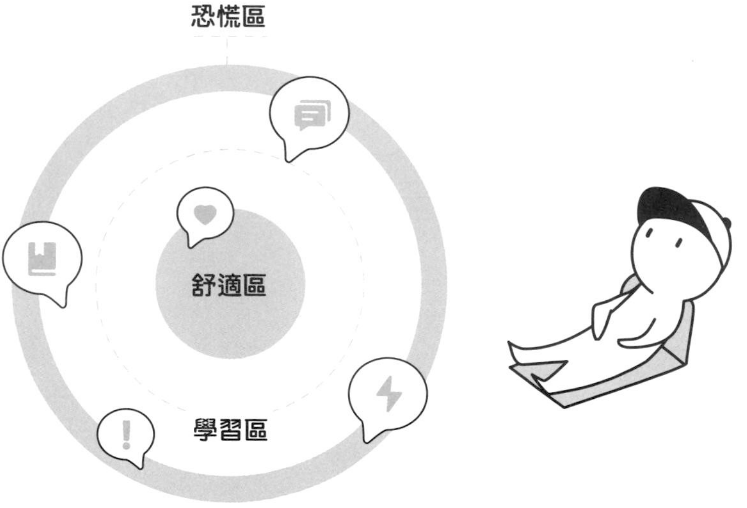

圖 1-4

以接受挑戰，獲得新知，進步非常快；而恐慌區裡的知識，顧名思義，他們會感到憂慮、恐懼，不堪重負。所以，我們在給孩子選擇學習內容、制訂學習計畫時，一定要考慮知識的這三個分區。

要為孩子找到適合他的學習區，需要父母對孩子細緻觀察、深入了解，每個孩子的認知水準不同，切記不可盲目跟風。曾經有家長看到電視裡說，某個四歲的孩子熟練掌握了三千個英文單字，五歲就熟讀四大名著，就擔心自己的孩子輸在起跑點上，於是逼著六歲的孩子讀《紅樓夢》……這是不可取的行為。孩子沒有進入自己的學習區，而完全是在恐慌區，這會導致他內心焦慮，甚至可能直接放棄。你應該根據自己孩子的真實情況來設定學習目標，如果你六歲的孩子已經在你的陪伴下讀過繪本，形成了一定的自主閱讀力，也認識一些國字，那麼你可以幫孩子找一些他感興趣的書，讓孩子嘗試獨立閱讀，這才是他最適合的學習區。

總體而言，當孩子學習的內容中已經學過的知識占85%、沒有學過的知識占15%的時候，孩子會感覺到有一些挑戰，但能夠克服，這種情況下他們最容易體驗到學習的心流。

第二，幫孩子找到他的興趣和能力優勢

許多優秀的人之所以能一直持續在一個領域耕耘，是因為他們找到了自己的興趣和能力優勢。例如，居里夫人的女兒艾萊娜及其丈夫憑藉發現人工放射性物質而

共同獲得諾貝爾化學獎，艾萊娜十四歲就立志要像她的父母一樣獻身於科學事業。達文西從三、四歲就開始畫畫，繪畫是他一生的興趣，從來沒有改變過。這些人在鑽研中獲得了無上的價值感，這是他們能夠持續學習的動力。

幫助孩子找到自己的興趣和優勢能力，要注意三個關鍵點。

首先，給孩子自主選擇興趣和試錯的權利。給孩子提供機會，讓他們廣泛探索，例如帶孩子參與各類文體活動，包括為孩子準備的職業體驗等。家長尤其需要注意的是，在孩子發掘興趣愛好的過程中，不要阻礙孩子的嘗試和體驗，不能把自己的個人意志強加在孩子身上，興趣一定要是孩子自己的。家長可以給孩子做出引導，但絕不能施加影響，讓孩子根據家長的意願行事。

其次，確定興趣後，家長要給孩子足夠的支持。鼓勵孩子在個人興趣方面學習提升，利用孩子的能力優勢，在孩子自願選擇的領域裡深入探索。再次強調，即便孩子的興趣不是父母希望其發展的方向，父母也應該支持孩子追求自己的夢想，努力向前。

最後，當孩子學習遇到瓶頸時，我們要幫助孩子把目標拆解為一個個小目標，逐步達成，幫孩子渡過困難期。許多時候，孩子設定的目標過於遠大，自己的條件和水準與目標相差太遠，孩子往往顯得動力不足，有些氣餒或缺少信心。這時，家長可以適當地將宏大的目標細分，幫助孩子階段性地完成小目標，讓孩子每段時間都有完成目標的成就感，從而逐步提高，最終達到自己設立的遠大目標。

第三，用成就感和使命感幫孩子提供持續的動力

有時候，孩子體驗到了學習的心流，也發掘出了自己的興趣和能力優勢，但在持續學習的過程中，因為反覆練習而感到枯燥，失去了新鮮感，又或者是付出努力卻沒有突破，感覺很挫敗。學習具有挑戰性，瓶頸期隨時可能出現，如果興趣不足以支持孩子前進，他們就很容易放棄。這時候，引導孩子發現自己所做事情的成就感和使命感是令其始終願意前行的最大動力。

成就感有很多種實現形式，讓孩子體驗到成功的樂趣是成就感最大的來源。對於一件需要長期付出的事情，如掌握一項技能或培養一個習慣，家長們可以階段性地設定目標成就，讓孩子持續收穫成就感。比如，想要培養孩子持續閱讀的習慣，家長可以在孩子成功打卡一週時，將孩子的閱讀紀錄和感想列印出來貼在孩子的臥室中；在孩子認真閱讀五十本書後，給孩子拍攝與書的合照並分享在家庭群組裡……

使命感則是讓孩子感受到一定的責任。對孩子而言，使命感不一定是宏大的、遙不可及的，當他們能為他人提供幫助、擔負責任時，他們的使命感就已經開始產生了。例如，讓孩子去扔垃圾，注意做到垃圾分類。透過溝通引導，讓孩子知道這是保護環境的行為，孩子就會覺得他做這件事是有貢獻的、有價值的。

事實上，孩子的使命感就源於他們覺得自己做了對他人有價值的事情。以我女兒為例，她很喜歡閱讀，閱讀原本對她來講是滿足自我好奇心和獲取知識的一種方

式，但從她做「公益童書架」計畫開始，使命感賦予了她閱讀更深層次的意義，成了她更大的動力。六年前，她在我的朋友來家裡做客時聽說很多貧困地區的孩子沒有書可以讀，感到非常驚訝。於是，她從七歲生日時開始做「公益童書架」，每年生日前後透過自己的方式賺錢，為貧困地區的孩子捐贈一個書架的圖書，到今年為止，這件事她已經持續了六年。最開始，她賺錢的方式是拍賣自己的手工和書畫作品，後來變為在網路上開影片閱讀課，自己策劃選題、查資料、準備教案和錄製，在這個過程當中，她不僅賺到錢做了公益，自己閱讀的深度和廣度也得到了很大的提升。當然，這件事占用了她不少時間，但是她從來都沒有想過放棄，她覺得能夠幫助別的孩子用閱讀打開通往世界的大門，是她非常開心的事。

我們要讓孩子體會到學習的價值感，並且保持持續的學習動力，就不能僅僅停留在批評、催促、威逼利誘上，而是要讓孩子從學習中真實地感覺到「我可以」、「我能夠勝任」、「我能體驗到自我價值實現的幸福感」。這種價值感會化作孩子源源不斷的學習動力。

當我們的孩子缺乏自主學習的動力時，家長一定要關注孩子的精神需求是否得到了滿足。幫助孩子體驗心流的快樂，獲得價值感，挖掘優勢與能力，並賦予其使命，他們自然會獲得持續學習的動力，自我驅動，探尋新知。

本章重要工具

學習三圈理論

① 最內圈是舒適區，指沒有難度的知識，或者習以為常的事物，學習這些內容時自身處於舒適狀態。

② 中間一圈是學習區，學習這些內容時有一定的挑戰，會感到不適，但不至於太難受。

③ 最外圈是恐慌區，意思是這個區域裡的內容超出自己能力範圍太多，學習這些知識會讓人感到心理嚴重不適，可能造成情緒崩潰，甚至放棄學習。

使用場景：在孩子選擇學習內容或者制訂學習計畫時，幫助他們設置合適的難易程度。

注意：不要按照我們大人的視角，或者「別人家孩子」的能力程度來判斷自己孩子的舒適區、學習區和恐慌區，要根據自己孩子的實際情形來確定。

能讓孩子學到什麼：不害怕挑戰，透過適度挑戰確認自己有能力做得更好。

本章小練習

在對話中發現孩子的興趣和能力優勢

家長選擇一個時間，時長在十到十五分鐘，可以是放學回家的路上、睡覺前或其他時間。完全排除手機或工作等其他因素的干擾，和孩子一起聊一聊剛剛過去的這一天的感覺。例如，有哪些開心的事、哪些不開心的事。我們可以跟孩子約定，比如用怪獸表示不開心的事情，用花朵表示開心的事情，或者用炸彈表示不開心的事情，用棒棒糖表示開心的事情，把重點記錄下來。持續一週，來觀察孩子對哪些事情感到愉悅、對哪些事情感覺不夠喜歡。從這些交流中，我們就能發現孩子的興趣和他的能力優勢。

	週一	週二	週三	週四	週五	週六	週日	孩子的興趣和能力優勢分析
喜歡／開心的事情								
不喜歡／不開心的事情								

Part 2

情緒自控力

你是否感覺到，我們的生活正在被情緒控制？即使再怎麼強調冷靜決策，在某些情緒來臨時，我們仍會深陷其中，受其支配。尤其在養育孩子的過程中，這樣的時刻似乎常常出現。但是，從現在開始，我們可以嘗試做出改變，學習如何構建積極的情緒體驗以及如何成為情緒的主人。這就是本部分內容所要討論的主題，首先從識別不同情緒背後的涵義開始，學習掌握情緒暫停的方法。在孩子出現不當行為時，我們不要忙著釋放情緒，可以透過行為密碼表，找到孩子不當行為的目的。即使是犯錯，也可以將錯誤轉變為一次學習的機會。而這些都取決於我們是否擁有更好的情緒力——一個可以讓我們生活得更有方向的工具。只有父母學會做「排氣扇」，孩子才能產生好的感受。當孩子不用把能量消耗到跟父母對抗上，他們就有更多的能量用於自我學習與成長。

06 敏銳識別情緒
做自己情緒的主人

我曾經舉辦過一個家長投票：以下孩子的哪種行為最讓你頭痛？

A. 撒謊，不知道哪句真哪句假
B. 性格膽小，內向，不合群
C. 愛發脾氣，一不如意就哭鬧不止
D. 頂嘴，你說往東他偏往西

結果顯示，在上述這些不當行為中，「愛發脾氣，一不如意就哭鬧不止」是最令家長頭痛的一項，得票率42%。其次是D，得票率35%。

在生活中，我們經常會見到這樣的情景：孩子哇哇大哭，身邊的大人要嘛假裝若無其事地逗弄：「丟不丟臉？都這麼大了還哭？」要嘛脾氣上來，開始大發雷霆：「就這麼一點小事，哭什麼哭？再哭我走了！」要嘛乖乖繳械投降：「不哭就給你買你最喜歡的玩具。」有意思的是，大部分家長尤其接受不了男孩子哭鬧，我曾經不止一次聽到家長跟男孩子說：「男子漢，流血流汗不流淚！」實際上，情緒並不受性別的限制，孩子哭泣行為背後的深層原因才是家長應該關注的。

理智腦與情緒力

只要仔細觀察就會發現，人們在極度生氣時經常會滿臉通紅，說話結巴，甚至語無倫次。這是因為我們的「原始腦」在主導我們的行為。美國神經科學家保羅·麥克林提出了「腦三位一體」理論，他指出，人腦分為原始腦、情緒腦、理智腦。

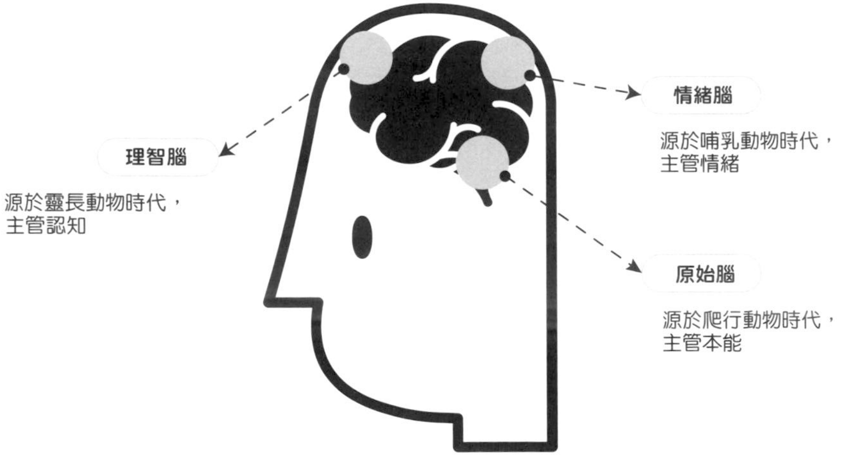

圖 2-1

原始腦，又稱爬蟲腦、本能腦。原始腦，包括腦幹、基底核與網狀系統等最核心的腦區。生存、身體維護、蓄積、統治、打扮和交配等行為都受制於原始腦的本能，是不經過理智思考過程的。原始腦的主要作用是保護身體，保證自身的安全。

情緒腦，又稱舊腦（大腦舊皮層）、哺乳動物腦、感性腦。情緒腦包圍覆蓋著原始腦。生物進化到高級動物後，開始與外部世界產生更多的連結，於是在原始的腦幹上又進化出「情緒腦」，發展出情緒中樞，以適應合作和群居生活的需要，最終發展出高級的愛。情緒腦的主要作用是情緒處理和記憶儲存。

理智腦，又稱新腦（大腦新皮層）、靈長動物腦、理性腦。新腦指大腦的最外面皮層，分為對稱的兩部分，即通常所說的左右腦。新腦覆蓋著整個舊腦邊緣系統的上面和一部分原始腦，占據人類全腦重量的80％左右，集中了大部分神經細胞。新腦是掌管人類一切心智行為的思考中樞，主管語言、寫作、計畫、推理、學習、適應、抽象思考等功能。它的主要作用是接收、過濾和轉化訊息，最後權衡利弊，做出相應行為表現。

其中理智腦也負責監控自己及他人的情緒和情感，識別、利用這些訊息指導自己的思想和行為。這種能力被稱為「情緒力」，即「情緒控制力」，主要分為感知情緒、運用情緒、理解情緒和管理情緒這四種能力。

成人在憤怒、悲傷、焦慮時，可以進行自我情緒調節，或者選擇合適的發洩方式。但是由於孩子的「理智腦」沒有發育完善，還無法理性地控制情緒，因此他們的行為更多是受「原始腦」的支配。當一個孩子哭泣時，他的直接感受可能就是難過、傷心、委屈、不甘等。此時，他是在透過表達情緒向父母或親近的人求助——他需要父母幫他喚回「理智腦」。然而，作為家長，很難在這樣的時刻做到同理孩子。因為站在大人的視角上，那些壓垮孩子情緒的不過是芝麻大的小事而已。

在面對孩子哭泣時，家長通常會採用如下三種方式：

第一種，轉移注意力。家長迅速開啟新的話題，轉移孩子的關注點，例如，「你猜，孫悟空把白骨精打死了嗎？」、「妳知道去哪裡可以買到艾莎公主裙嗎？」

第二種，說教勸導。父母用或溫柔或嚴厲的語氣，給孩子講道理，例如，「媽媽已經把你的玩具送給別人了，哭也哭不回來。」、「媽媽今天沒帶那麼多錢，你再哭，店員也不會把這個玩具送給你。」這些話告訴了孩子「不行」的事實，卻沒有提供合理的解決辦法。

第三種，威逼利誘。這是一種極其簡單粗暴但應用範圍很廣的說話方式，例如「不哭就給你買一個冰淇淋」、「再哭我就不要你了，讓壞人把你抓走！」等。

許多時候，這三種方法確實能產生奇效，但久而久之，孩子就會缺乏對負面情緒的感知力。當孩子有負面情緒時，他的第一反應不再是求助，而是會感到無助，驚慌失措，甚至羞恥。當孩子長大成人後，也很難同理他人。

為什麼家長不能接受孩子的負面情緒？

人是受各種情緒支配的動物，但為什麼作為父母，我們就很難接受孩子擁有負面情緒呢？英國科學家克林格爾巴赫發現，嬰兒和孩子的哭聲作為一種負性刺激，是尋求成人保護的危機信號，因此具有更強的生物影響力，尤其是對於父母而言。孩子的哭聲會讓父母心跳加速、血壓升高。父母大腦中的本能反應會認為是自己的失職導致了孩子哭泣，更進一步來說就是，孩子的哭聲會引發家長內心的焦慮。

孩子哭鬧讓我們不知所措。在家長看來，孩子的哭鬧經常是無緣無故或者是不講道理的。只要父母不按照他的意願行事，他就耍賴打滾、聲嘶力竭。一旦開始哭喊，怎麼勸說都沒用。無法溝通的挫敗感與無力感是父母在面對孩子哭泣時的最大感受。成年人的時間已經被生活、工作割離得七零八碎，不想再為那些看上去毫無意義的哭鬧耗費時間和精力，這種心情很容易理解。我們常常希望孩子能立即停止哭鬧。孩子越不聽話，家長就越煩躁。

孩子哭鬧讓我們感覺沒面子。相信大家都有在公共場合被孩子哭鬧搞得心煩意亂的經歷，很多時候，孩子的哭鬧聲的確令人難以忍受。站在家長的角度，當孩子不分場合地哭鬧時，家長除了要手忙腳亂地予以制止，還要忍受他人責備和質疑的目光。畢竟任由孩子哭鬧，看上去就是家長沒有盡到教育孩子的責任，沒有履行作為父母的義務。並且，在傳統教育觀念裡，家長理應在孩子面前樹立威信。如果孩子屢教不改，哭鬧不止，父母就會感覺自己的權威受到了挑戰，覺得在人前丟了面子。

孩子哭泣是脆弱的表現。在我們的文化中，堅強勇敢是公認的優良特質，而哭泣則是軟弱的代名詞，是膽小脆弱的表現。所以家長在面對孩子哭鬧時，常常將「男兒有淚不輕彈」、「在外人面前哭是丟人的」掛在嘴邊，以此提醒孩子。也有的家長認為，孩子遇事就哭是嬌氣、敏感、自卑、心理承受能力差的表現，將來很難在激烈的社會競爭中生存下來。為了讓孩子適應未來的社會節奏，家長就要從小鍛鍊孩子堅強的品格，警惕孩子別變成動輒就哭的嬌氣鬼。

但其實情緒本身並沒有好壞之分，也不應該被評價，關鍵是我們在情緒產生之後如何做。不認可孩子的負面情緒，不許孩子哭泣，是對孩子的一種隱性傷害。如果孩子在一個不允許哭泣的環境裡成長，那麼他長大之後也會習慣性地壓抑自己的情緒，這很容易導致性格上的缺陷。

識別情緒，做情緒的主人

在學會處理情緒之前，首先要做到能夠識別情緒。家長要教會孩子如何察覺並識別自己的情緒，引導孩子說出引起負面情緒的原因。基於此，對症下藥解決問題。要引導孩子識別情緒，家長可以多和孩子溝通以下問題：

- 你現在感覺怎麼樣？
- 是什麼事情讓你產生了這樣的情緒？
- 怎麼做才能讓你感覺好起來？

也就是說，讓孩子了解情緒是什麼、它從哪裡來、要到哪裡去。與成人相比，兒童認識自我情緒的能力較弱。孩子無法辨別自己的情緒，自然就不能明確地表達自己。

在我的一次線下家長課上，有個家長說，她的孩子今年七歲，特別困擾她的是，孩子常常一不高興就用手使勁揪自己的頭髮，哇哇亂叫，或者拚命大哭。父母沒辦法，只能不停地詢問孩子怎麼了，但是孩子完全不理會，父母想幫助他也不知道從何著手。於是我跟這位媽媽建議：「如果在孩子無法準確地表達自己的情緒時，你能夠準確地幫他說出來，那麼孩子的感受就會好很多。」

後來，這位媽媽分享了她和孩子的一次相處經歷。有一天下午，老師打電話說她的孩子在學校裡跟同學起了衝突。她去處理時，發現孩子的情緒很不好，又開始揪頭髮。以往她會表現得比孩子更抓狂，但是那天她蹲下來，輕輕地抱住孩子說：

「看到你的眼神，媽媽感覺你很委屈、傷心，又很不安，我覺得很心疼。」孩子聽到這句話後，突然就平靜了下來。她繼續說：「我不知道到底發生了什麼事情，但是我很願意聽你告訴我。」那天她與孩子的溝通非常順利。當她正確解讀了孩子的情緒時，孩子會感覺到「原來媽媽是理解我的」，當然就會更容易與媽媽溝通了。

這位媽媽換了一種做法，就移除了她以往和孩子溝通中的巨大障礙。以前孩子不知道如何正確地表達情緒，就只能透過揪頭髮這種自我懲罰、自我傷害的行為引起父母的注意，宣洩自己的情緒。現在媽媽可以和孩子一起識別情緒，然後共同尋找更恰當的方式將這種情緒發洩出去，比如跺腳、打枕頭、大聲唱歌、在心裡默默地數數等。

在這個案例裡，媽媽透過觀察、描述孩子的身體反應，告訴孩子情緒是什麼，並且耐心傾聽孩子講述這種情緒的源頭。這是非常實用的做法。我建議，家長在了解孩子情緒產生原因的同時，也要幫助孩子用合適的方式疏導情緒。當孩子掌握了表達和處理自己情緒的能力，就能夠更好地和自己、和這個世界相處了。

✔培養孩子的情緒自控力

如何讓孩子具有這種情緒感知力？父母首先需要和孩子一起認識情緒，然後在此基礎上教會孩子學習如何處理情緒問題，做自己情緒的主人。具體可以分為以下三個步驟：

第一步：借助情緒臉譜圖、繪本、電影等教孩子認識各種情緒

我們首先要有豐富的情緒詞彙，能夠準確地描述各種情緒：開心、激動、孤獨、委屈、失落、煩躁、驚訝、內疚、悲傷、生氣……

我們這一代，很多家長都是在「不許哭」的教育環境中成長的，大家或許自身就缺乏豐富的情緒感知力。那麼，我們該如何幫助孩子識別各種情緒呢？

我們可以根據各種情緒詞彙，和孩子一起畫一張情緒臉譜圖，當我們不知道孩子此刻是什麼情緒時，可以對照情緒臉譜圖識別。當孩子不能準確表達自己的情緒時，家長可以詢問：「你的感覺跟這張圖裡的哪張臉一樣呢？」孩子常常能夠準確地指出來。如果孩子指著一張哭泣的臉說：「我現在的感覺是這個。」我們就可以跟孩子進一步確認溝通了。

透過親子共讀，借助情緒繪本，幫助孩子識別和處理負面情緒也是一種很好的方法。優秀的情緒繪本，像一場生動的演出，能借助故事的力量、情境化的場景走進孩子的內心，找到孩子當下的情緒種類。孩子的悲傷、害怕、生氣和難過等種種負面情緒，都可以在情緒繪本中找到對應的排解方式，而且繪本裡的主人翁在孩子充滿童趣的世界裡往往更有說服力，能夠避免發生大人和孩子所處角度不同導致的認知衝突。

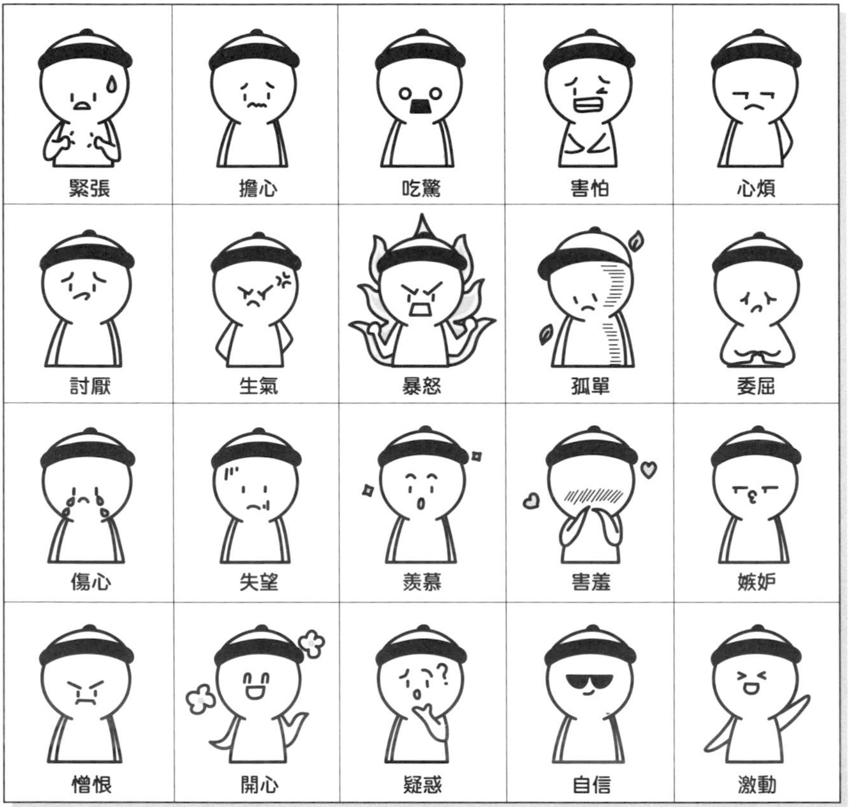
緊張
擔心
吃驚
害怕
心煩
討厭
生氣
暴怒
孤單
委屈
傷心
失望
羨慕
害羞
嫉妒
憎恨
開心
疑惑
自信
激動

圖 2-2

我們還可以借助情緒電影，幫助孩子識別並接納自己的情緒。例如，動畫片《頭腦特工隊》就是情緒管理的精采一課。影片透過充滿童趣的畫面，幫助孩子認識到我們身體內的五個情緒小人——樂樂、憂憂、怕怕、厭厭、怒怒。這五個小人同樣重要，缺一不可。我們可以透過意象化的表達啟發孩子覺察自己的情緒：「你的大腦現在是哪個情緒小人在控制啊？」孩子也許會回答「是樂樂小人」、「是怒怒小人」。是哪個小人都沒有關係，重要的是我們和孩子一起識別並坦然地接納所有的情緒。

第二步：將情緒認知融入日常生活，引導孩子察覺自我情緒

吃到美食時，要盡情地表達：「好美味啊，太幸福了。」感覺悲傷的時候，也試著流露出來：「我好難過呀，想找個地方哭一下。」父母在跟孩子相處時，要引導孩子把自己的情緒表達出來。當孩子哭泣時，你可以問：「你願意告訴爸媽你的感受嗎？」當孩子手舞足蹈時，你可以說：「你看上去好歡樂。」當孩子一個人坐在角落裡神情落寞時，你可以說：「你看上去有點孤單。」結合當下的情形與孩子溝通，啟發孩子更好地認知情緒。

但是家長要注意，在幫助孩子釐清情緒時，最好有足夠的把握。如果誤解了孩子的情緒感受，反而會起到反效果，讓孩子覺得家長不夠理解自己，進而更加失望和難過。當家長不理解孩子的情緒時，不要盲目溝通，而是盡量透過描述性語言和

啟發式提問，幫助孩子理解自己的情緒，找到自己的情緒來源。

此外，家長自己有情緒時，也沒有隱瞞孩子的必要，不妨直接告訴孩子你遇到了什麼事情、此刻你的感受是怎樣的，並如實地跟孩子說：「我現在情緒不好，但是跟你沒有關係，我自己平復一下就會好起來。」讓孩子明白每個人都有情緒不好的時候，但我們無須對別人的不良情緒負責。

第三步：製作情緒卡片，正確宣洩負面情緒

父母可以和孩子一起製作情緒卡片。情緒卡片的正面表現出「生氣」、「傷心」、「委屈」、「憤怒」等各種各樣的負面情緒。家長可以幫孩子寫下來或者鼓勵孩子自己畫下來，然後將卡片放在小紙箱裡。家長和孩子輪流抽出卡片，講述自己跟這個情緒有關的故事，也可以嘗試造句或講故事。比如抽到「傷心」卡片，孩子說：「早上我想給爸爸倒一杯水，結果水灑了。媽媽急著出門上班，批評我毛手毛腳。當時，我感覺很傷心。」在思考和講述的過程中，無論家長還是孩子，都會更深刻地理解負面情緒產生的原因。

接下來，家長可以和孩子詳細討論解決方案：「當你有這種情緒的時候，你會怎麼做？或者希望別人怎麼做？」如果孩子不知道該如何處理，家長可以分享自己的做法或想法。比如，孩子說：「我傷心的時候就一直哭……」媽媽可以說「這個時候，我希望有一個擁抱，擁抱能讓我感到溫暖」，或「這個時候，我希望吃很多

情緒卡片

卡片正面　　卡片背面

圖 2-3

美食，美食能讓我獲得快樂」，或「這個時候，我就想一個人發呆，或者看自己喜歡的書，慢慢地我就沒那麼傷心了」……

每個人的情緒感受和處理方式都不一樣，雖然沒有標準答案，但我們可以用「我可以……」的句式，把感覺舒服的情緒處理方式寫或畫在卡片的背面，不斷地豐富這張情緒卡片。透過這種方式，孩子不僅可以慢慢學會如何宣洩憤怒、傷心、委屈等負面情緒，也會認識到負面情緒並不可怕，我們會有很多方法和它相處。

心理學研究發現，人們的情緒並非來自事件本身，而是人們對於事件的認識和看法。如果你認為孩子哭鬧讓你沒面子，那麼孩子一哭你就會氣急敗壞。但是如果你認識到，孩子哭鬧只是因為他難過了，他在向你求助，那麼你就會彎下腰去抱抱孩子，和孩子一起尋找正確的表達方式……這樣你就會更加理解孩子，孩子也會更願意和你進行一些積極的正向溝通。

本章重要工具

學習掌握教孩子識別和控制情緒的三個步驟：

① 借助情緒臉譜圖、繪本、電影等教孩子認識各種情緒

② 將情緒認知融入日常生活，引導孩子察覺自我情緒

③ 製作情緒卡片，正確宣洩負面情緒

使用場景：當孩子有情緒時，透過情緒臉譜圖、繪本、電影等，和生活實際相聯繫，教孩子識別和表達自己的情緒。

注意：情緒本身沒有好壞，但是我們處理情緒的方法有正誤、優劣之分。要幫助孩子正確地對待自己的情緒，尤其要學會在處理自己的情緒時務必尊重他人，比如不能因為自己感覺生氣就去打其他小朋友。

能讓孩子學到什麼：透過不斷地練習，提高孩子識別和覺察自己情緒的能力。透過親子互動，了解處理情緒和宣洩負面情緒的各種方式。

本章小練習

教孩子正確處理情緒

和孩子一起將各種情緒臉譜做成卡片，可以在卡片後面寫上一些情緒處理的方式，然後和孩子一起做遊戲。每人抽一張情緒卡片，講述卡片上的情緒故事和個人經歷，講述如何處理這種情緒。透過不斷地練習，提高孩子識別、覺察和處理各種情緒的能力。

07

學會情緒暫停
不要在情緒中處理問題

關於情緒，一個由來已久的認知是，情緒是天生的，是身體下意識產生的應對反應。當我們面對工作中上司的責罵、看到社會上的霸凌事件時，我們的情緒就會迅速地自動出現，彷彿有人在我們的腦海裡按下了一個開關。但美國心理科學協會主席、《情緒跟你以為的不一樣》一書的作者莉莎·費德曼·巴瑞特研究認為，情緒不是被外在激發的，而是由我們自身創造的。情緒的出現是我們身體各部分協調作用的結果，包括各種生理特徵、受環境影響的靈活的大腦、文化背景和成長環境。掌握情緒的按鈕一直在我們自己手中，關鍵在於你是否真的學會了怎麼按下去。情緒處理，是家長和孩子都需要學會的共讀課。

壞情緒讓我們不再好好講話

我曾經接過這樣一個諮詢：孩子的媽媽說，女兒現在每天晚上寫作業都不讓她陪，還會把房門反鎖。現在每天寫作業的時間比之前多了好幾個小時，學習成績卻一落千丈。她實在沒辦法，於是悄悄在女兒房間裡安裝了監視器，這才發現孩子不知道從哪裡弄來一部手機，每天晚上都躲在房間裡看網路小說。看到這一幕，媽媽頓時感覺如墜冰窖，擔心、焦慮、生氣……各種情緒複雜交織。

我詢問她當時的做法，媽媽說，她當時控制不住，直接踹開了房間門，從孩子手裡搶過手機，從偷看手機說到成績下滑，而且越說越生氣，差點忍不住動手。結果孩子的情緒更加激動，她責備媽媽監視她是違法的，還將監視器扔到地上使勁踩。

在孩子的學習和成長中，這樣的危機事件真的隨時可能出現。在看到孩子的不當行為時，儘管家長已經竭力控制，但仍忍不住將負面情緒寫在臉上，甚至還會出言責罵、動手管教。明明已經在心裡告誡自己一萬遍「要好好說話」，可當負面情緒來臨時，家長彷彿就喪失了與孩子好好說話的能力。這是「踢貓效應」在作祟，即當一個人的情緒變壞時，潛意識會驅使他選擇地位等級低於他的人進行發洩，如下屬或子女，這就形成了一個壞情緒傳播鏈，而攻擊性的語言是壞情緒傳播鏈中的主要載體。當家長陷入負面情緒的漩渦時，孩子的感受也會相應地變得更加糟糕。而一個感覺糟糕的孩子，很難產生「我能做得好」的想法。因為他不得不分出很多精力來消化並對抗父母的壞情緒，而不能將全部精力用於解決目前的學習問題。

情緒產生不可控，但處理方式可控

在我多年的從業經歷中，我發現那些夫妻間衝突不斷或者平時給孩子情緒壓力大的家庭，孩子往往會出現上課心不在焉、做作業無精打采、成績大幅下滑的狀況。這是什麼原因呢？

中國教育科學研究院在對全國近四萬個家庭進行調查後，得出一項結論：那些給孩子營造了安全的情緒氛圍的家庭，孩子的學習能力更突出。反之，如果家庭中有不安全的情緒氛圍，那麼孩子就會無心學習。

也許有的家長會說：「我也知道不應該對孩子生氣，可我是個急性子，我就是控制不住。」但沒辦法控制情緒意味著沒辦法處理情緒嗎？其實不然。雖然情緒是客觀存在的，人沒有辦法控制自己不要產生負面情緒，但是大家可以選擇處理情緒的方式。就像我們前面提到的「急性子不可控」，其實是大家認識上的謬誤，急性子並不等於性格，也不是與生俱來不可改變的，它只是人們的一種情緒表達方式。

一個小測試可以證明這一點。假設你正因為孩子的不良行為而大發脾氣，這時你的公司老闆或者學校老師來電溝通，你會怎麼辦？是不管不顧先發洩一通，還是調整語氣禮貌對話？我想，後者應該是多數人的選擇。所以，情緒表達其實是可收可放的。它既可以在接起電話的瞬間被巧妙隱藏，又可以在放下電話那刻重新得到釋放。當家長因為孩子的一些表現產生不良情緒時，不妨先給自己一個積極的情緒暫停，選擇其他管道釋放情緒，待自己感覺好起來之後，再來跟孩子一起解決問題。

情緒暫停，不在「大腦蓋子打開」時解決問題

對孩子來說，只有感覺良好的時候，他才會做得好。因此，父母在和孩子溝通時，一定要先按下情緒暫停鍵，及時「合上自己打開的大腦蓋子」，保證能用理性的方式和孩子溝通，真正解決問題，而不是發洩情緒。

那如何進行積極的情緒暫停呢？可以遵照以下四個步驟來處理：

第一步：察覺（我現在很生氣／憤怒／沮喪……）

第二步：歸因（但這是我自己的問題）

第三步：處理（我需要去我的情緒暫停區，讓我的感受好起來）

第四步：安全感確認（等我感覺好起來，我會回來和你一起解決問題）

情緒的爆發其實對每個人來講都很正常，我的一位從事家庭教育多年的助教老師，跟我分享過她的一次情緒爆發的經歷。一大晚上，孩子本應該九點準時上床休

息，可直到九點半，孩子仍然在房間裡拖拖拉拉，作業一項也沒完成。這位媽媽既生氣又擔憂，生氣孩子學習態度不端正，又擔憂孩子休息不好，影響第二天上課。她三番兩次地引導和催促孩子，可始終沒有效果。終於，最後一絲耐心也被消磨殆盡，她衝到孩子面前，一把將桌子上的書本文具都推到地上，對孩子大吼：「既然不想寫作業，那就別寫了，都丟掉！」

很顯然，這位媽媽是在用情緒爆發的方式來讓孩子端正學習態度，停止拖拖拉拉的行為。可結果往往是孩子感到委屈，問題也沒有解決。這是因為導致孩子學習拖拖拉拉的原因並沒有被家長看到，問題自然就無從解決。孩子遇到自己難以解決的問題時，父母給予他的是信任、支持和幫助還是批評、呵斥與指責，將會直接影響孩子的學習動力和學習興趣，更重要的是會影響良好親子關係的構建。

所以當遇到這種情況時，可以先開啟情緒暫停模式。具體的做法是，你可以對孩子說：「媽媽現在很生氣、很難過（察覺），但這是我自己的問題（歸因）。我現在要去另一個房間冷靜一下，我會在那裡慢慢平靜下來（處理）。等我心情好了再回來，我們再好好溝通，一起來討論怎樣才能更好地按時完成作業（安全感確認）。」

妳先回到自己的臥室，用看書或者其他方式放鬆，等待情緒慢慢平靜下來。然後，妳可以重新和孩子溝通，離孩子近一些，詢問他：「你需要媽媽的幫助嗎？」、「你需要媽媽做一些什麼事情幫助你呢？」孩子可能會說「我有一些字不認識，我希望媽媽能幫助我把題目讀出來」，或者「我今天和好朋友吵架了，我擔心會失去這個朋友，所以一直沒有心情寫作業」。你會發現，原本的一團亂麻，彷彿突然就露出了它的線頭。在類似情況下，家長首先要保持冷靜的心態，才能夠找到孩子行為背後的動機，並給出正確恰當的處理方式。許多事例都表明，只有當你自己的情緒平靜下來時，你的思維邏輯才能回歸到正常水準，才能理智地跟孩子對話，並為孩子提供幫助，而不是一味地質問。孩子獲得了來自父母的助力，就會持續保持一種良好的學習狀態。

「情緒暫停區」──讓你的感受好起來

為了能夠使自己按下情緒暫停鍵，你可以在家裡建立一個「情緒暫停區」。在建立情緒暫停區之前，你要先思考兩個問題：

- 在什麼地方能有助於你冷靜下來？
- 做什麼可以幫助你感受好起來？

如果你現在已經有了答案，那麼就可以著手布置你的情緒暫停區了。你可以給它取一個專屬名字，讓它成為你的私人領地。你還可以在那裡放一些你喜歡的書籍、零食或其他東西，只要它們能夠讓你感覺舒服和安全、能令你迅速平靜下來即可。你也可以幫助孩子建立一個專屬於他的情緒暫停區。當然，在這件事上我們也要給予孩子自主權，讓他充分參與到搭建自己情緒暫停區的工作中來。比如，讓孩子選擇地方、布置場景、給這個區域取名字等。

當你和孩子在使用情緒暫停區時，要記住我們說的情緒暫停說話模式：

察覺＋歸因＋處理＋安全感確認

其中有兩個小細節特別重要，需要你引起注意：

第一點，在你離開孩子去自己的情緒暫停區時，要跟孩子說，「等我情緒變好了，我會回來」。這是為了讓孩子明白：「我們不是在冷戰，這也不是什麼奇怪的行為，我只是不想讓生氣時那個糟糕的我傷害到我最愛的你。」

第二點，情緒暫停區的作用是幫助平復情緒，而不是翻版的「小黑屋」。家長可以在孩子情緒波動時及時提醒孩子去做積極的情緒暫停，但不能以懲罰的形式強迫孩子去情緒暫停區反省。有的父母在布置了情緒暫停區後，一看到孩子情緒不好，就會跟孩子說「去暫停區冷靜一下吧」。這種情況下，孩子很大機率是不會去的，即使去了也不會起到平復情緒的作用，因為這不是他自動自願的選擇，甚至會讓他感覺到這是「一種懲罰」。

當學習了怎麼讓情緒暫停之後，我們會比之前更快地意識到自己在做什麼，我們的行為將會導致什麼後果，然後盡快冷靜下來。許多時候，哪怕只是改變一點點，事態的發展就將是另一種局面，家長與孩子之間也能避免很多不必要的衝突和麻煩。

在我的一個家長課堂上，有位媽媽說過一個例子。兒子去參加圍棋檢定，但是走到車庫時才發現忘記帶准考證了。媽媽瞬間就憤怒了，她雖然知道發火可能會影響孩子當天的檢定，但是她沒有控制住自己，一邊狠狠地摔車門，一邊數落兒子總是丟三落四，什麼重要的事情都會被他搞砸。在她越說越氣的時候，兒子也摔門離開，表示不去參加比賽了。一次檢定就這樣被搞砸了。如果媽媽當初能夠察覺到自己的憤怒，並及時暫停下來，那麼只需要返回家裡拿到准考證，仍然是能夠從容地趕到考場參加考試的。

美國著名女詩人瑪雅．安吉羅說過一句話：「別人會忘了你說過的話、忘了你做過的事，但是永遠不會忘記你帶給他們的感受。」父母在管教孩子的時候，初衷一定不是讓孩子記住父母帶來的糟糕感受，而是希望孩子能夠自主解決問題。所以，父母處理孩子問題之前，要先學會情緒暫停。如果你能先保持冷靜的頭腦，再去幫助孩子解決問題，那麼對孩子來說，父母就是他學習道路上的正向力量，他會在你的幫助下走得更遠。

本章重要工具

情緒暫停的說話方式：

① 察覺（我現在很生氣／憤怒／沮喪……）
② 歸因（但這是我自己的問題）
③ 處理（我現在需要去我的情緒暫停區，讓我的感受好起來）
④ 安全感確認（等我感覺好起來，我會回來和你一起解決問題）

使用場景：當孩子的行為讓你瀕臨火山噴發時，首先按下情緒暫停鍵，然後運用這個話術，與孩子進行積極正向的溝通。

注意：在給你自己和孩子建立情緒暫停區時，你和孩子要思考兩個問題：在什麼地方能有助於你們冷靜下來？做什麼可以幫助你們的感受好起來？其次，不要把情緒暫停區當成懲罰的「小黑屋」。

能讓孩子學到什麼：當孩子情緒不好時，可以提醒他去情緒暫停區，讓他學會在情緒激動時先冷靜下來，再思考問題的解決方法。

本章小練習

學習情緒的積極暫停

當孩子考試成績不好，或者寫作業拖拖拉拉時，你可以運用情緒的積極暫停與孩子溝通。或當孩子情緒不好時，引導孩子學習使用積極的情緒暫停。在你們情緒平靜後，再進行溝通。然後，對情緒積極暫停的運用效果和過程進行總結，以便下次改進。

事件	以往的處理方式	用「情緒積極暫停」的處理方式	哪些地方還可以改進

08 減少無效說教
從「家長多說」到「孩子多說」

幾乎所有孩子在被家長輔導功課時，都聽過類似的嘮叨：「注意坐姿，背要挺直，不然會駝背，還會近視。」、「筆怎麼握的？怪不得字寫得歪歪扭扭，字要寫得橫平豎直才行啊！」、「這個不是剛教過你嗎？怎麼又不會做了？寫作業要認真點才行呀！」在許多家庭裡，這種陪讀式教育每天都在上演，家長苦口婆心，事事指導，孩子卻不得要領，心生厭煩。明明是不想孩子走彎路，擔心孩子養成不良的學習習慣，影響學習成績，家長付出了這麼多時間和精力，怎麼到了最後，孩子反而沒有學習主動性了呢？那是因為，我們的「苦口婆心」在孩子聽來完全是「無效說教」。

無效說教阻礙孩子獨立

大家知道動物界的模範媽媽是誰嗎？是知更鳥。知更鳥媽媽在餵養寶寶時，要用嘴把蟲子嚼碎了，一口一口地餵給知更鳥寶寶。無論給的是什麼，小知更鳥都會

張大嘴巴欣然接受。我們常用「知更鳥媽媽」來形容那些包辦孩子學習和思考的家長，這類父母的一大特點就是喜歡用大量的說教教育孩子。其實，曾經我們也都是害怕被說教的小孩，直到我們為人父母，才發現原來那些嘮叨和說教都源自愛和關懷。可有時候，這種表達愛的方式運用不當，就會變成孩子的負擔和枷鎖。

對孩子來說，不被說教的最好辦法就是做一個「聽話」的孩子，不要有自己的想法和意見，這樣就不用承擔出錯的後果。久而久之，孩子就形成了惰性思維模式，只會被動聽話，不再主動思考。過多的說教，會讓孩子失去自我思考的能力和「試錯」的機會，成為習慣於聽從指令、沒有主見、缺失獨立能力的「機器人」。這樣的結果肯定是家長們不願看到的。

我們可以一起來做個小遊戲，看一看無效說教究竟會給孩子帶來什麼。

現在，我們試著全身放鬆，想像一個日常場景。你開始準備做晚飯。你看著面前的一堆食材，思考如何用它們。你剛準備動手，突然耳邊出現一些說話聲：「先繫上圍裙再開始啊。」、「刀要拿好，小心點，容易切到手。」、「說了多少遍了，番茄要去皮，防止農藥殘留。」、「油倒多了，炒個菜哪要那麼多油呀！」、「肉要順著紋理切。你知道肉的紋理嗎？不是告訴過你了嗎？」

你是否已經開始感到焦慮和煩躁了呢？當我們設身處地地代入孩子的感受時，就會發現，原來那些說教並不會讓我們覺得「呀，真是太好了，有這麼多的聲音，及時地幫助我」，只會擾亂我們的行為，讓我們覺得「好煩啊！我都不知道該怎麼做了」。

是的，有了這種體驗你就會知道，本來你正在認真地做一件事情，耳邊卻不斷響起各種「善意的提醒」，而這些提醒來自你最親近的人，此時你會不由自主地聽從他們的指令，調整自己的動作，而不再是按照自己的想法，去做自己原本計畫要做的事情，甚至心煩意亂，乾脆不想做了。這些提醒的聲音就是無效說教，同樣，家長對孩子的嘮叨也並沒有真的給孩子提供幫助，而是在無形當中給孩子設置了障礙，甚至會讓孩子產生叛逆心理。

✔從被動變主動，讓「孩子」多說

作為父母，我們期待孩子能夠成為有思考能力、學習能力的人。那麼，在日常跟孩子相處的時候，我們就需要時刻牢記自己的這個期待，並且時常想想「我應該怎樣做才能幫助孩子成為有思考能力、學習能力的人」，而不是在孩子跟我們的步調不一致時，反覆嘮叨孩子。以下兩個方法或許會對家長們有所幫助。

傾聽，允許並鼓勵孩子表達想法

在家長課上，我經常聽到父母們抱怨：「現在的孩子太難管了，寫個作業，你說他幾句，他就心情不好，趴在桌上偷偷地哭，或者故意弄壞書本，發洩情緒。」每個人都有鬱悶傷感難以自抑的時候，只是孩子的情緒外露更為明顯。孩子的心理承受能力相對較弱，在遇到問題時更容易表現出悲觀失望的情緒，或者是用強烈的反彈情緒來掩蓋悲傷，比如做出和家長頂嘴等叛逆行為。這種情況下，父母應當調整好自己的情緒，耐心傾聽孩子的訴說，允許孩子說出自己的想法，然後和孩子共同解決遇到的問題。

傾聽並不是簡單地聽對方說了些什麼。關於傾聽，羅納德·阿德勒和拉塞爾·普羅斯特在暢銷書《人際溝通》中提到，很多人認為聽與傾聽是一回事，但其實，聽是指聲波傳到我們的耳膜引起我們的耳膜振動，進而經過我們的聽覺神經傳送到我們的大腦的過程，而傾聽是「大腦將這些信號重構為原始聲音的再現，再賦予其意義的過程」。傾聽不是一個簡單的動作，而是一個需經由身體器官協助作用的連續過程。我們認為，有效傾聽要做到：

- 注視孩子（眼神溫柔、專注）
- 微笑點頭（不打斷或者說教、命令孩子）
- 適當地啟發式提問（還有呢？為什麼呢？可以再多說一點嗎？）

一次完整的傾聽過程應該是，給予孩子足夠的尊重與關注，放下正在處理的其他事情，專心地注視孩子，傾聽孩子說的話，並用肢體或言語向孩子傳遞「我正在聽」、「我很想知道」的態度，引導孩子盡量多表達自己的想法，同時認真思考、理解孩子所表達的訊息，隨後對孩子予以明確的反饋和回應。

在這裡，我們設置一個情境，來幫助大家加深理解。例如，孩子特別喜歡畫畫，於是你幫他報了才藝班，從素描開始有系統地學習畫畫。一天，上完課，孩子突然說：「媽媽，我不想上畫畫課了。」你聽到後很著急，擔心孩子以後會養成做事虎頭蛇尾的壞習慣。於是，你決定和孩子講道理，說服孩子繼續持續學習。這時，你應該怎麼做呢？

不妨使用我們上文提到的傾聽技巧試試看。首先，停下你手邊的事，用溫柔而專注的眼神看著孩子。如果覺得難以做到，可以先深呼吸平復心情，遏制一下自己想要立刻反駁孩子的衝動。記住，傾聽的關鍵是「聽你說」而非「我要說」。接下來，保持平靜，然後詢問孩子：「寶貝，你可以告訴我，你為什麼不想學畫畫了嗎？」孩子會開始表達自己的想法和理由，此時你要繼續認真傾聽，同時過程中可以用微笑點頭來表示你在認真聽他講話，不要隨意打斷或者說教、命令孩子。當孩子不願多說時，可以適當地運用啟發式提問，例如：「還有呢？可以再多說一點嗎？」、「是不是在課堂上被老師批評了？」、「你覺得這個繪畫課是不是哪裡不太好呢？」當你理解了孩子的想法後，再和他一起討論分析這件事，你們的溝通就會順暢很多，問題也能夠得到更妥善的處理。

特別需要注意的一點是：當孩子與家長的意見不同時，家長千萬別急著否定孩子，更不要直接給出你的答案。孩子對一件事有自己的獨立認知和判斷，如果他的想法長期得不到表達，他就會逐漸失去傾訴的慾望，因為他認為無人在意，無論他的想法是什麼都不會有人關注。尤其對於一些本身性格就較為內向的孩子而言，鼓起勇氣表達自己已經是艱難的一步了，如果遭到拒絕或漠視，他們的內心就有可能再次封閉起來。教育的本質是鼓勵多樣化發展，提倡由知識性教育向創造力教育轉變。因此，我相信我們每一個家長希望培養的都不會是一個只「聽話」的孩子，而是一個敢想敢表達、有獨立自主能力、有批判性思維的孩子。

✔善於釋放非語言信號

非語言信號，是指不使用語言，但能讓對方準確地接收我們意思的一種溝通方式。非語言信號的使用模式是，提前告知約定（要提前一些時間來提醒孩子，和孩子約定好非語言信號表達的意思），再使用非語言信號（用肢體語言、表情或暗號來表達）。

讓很多家長感覺非常煩心的一件事就是孩子寫作業拖拖拉拉。想到孩子作業寫到太晚就不能準時睡覺，影響健康，第二天上課精神也會不好，而且拖拖拉拉的習慣一旦形成會更加影響今後的學習……許多家長就會控制不住自己的情緒，忍不住嘮叨幾句：「速度快一點，你看看都幾點了？」、「再不寫作業，睡覺又晚了，明天上課想睡覺怎麼辦？」、「以後回家先寫作業，寫完作業才能看電視，聽見沒？」……

但是孩子聽了父母的嘮叨，往往只會想：迫切想完成作業的人是爸爸媽媽，怕晚睡的人也是爸爸媽媽，因為是他們在著急，而自己並不著急。於是，在不知不覺間，原本應該孩子自己去面對的問題，就被家長接手了過來。學習這件事情在孩子心裡，就變成了父母的事情。

當遇到這類情況時，我們可以使用非語言信號，來和孩子進行有效的交流。

首先，我們應該和孩子事先約定好當天的時間安排，包括作業時間、娛樂時間、休息時間。比如，晚上八到九點是寫作業的時間，如果能按時或提前寫完作業，那麼可以允許孩子有一段自由支配的時間或者提前進入娛樂時間，做自己想做的事情。如果孩子沒有按照約定時間完成作業，家長可以用一些正向語言提醒孩子，比如「離睡覺時間只有三十分鐘了」，或者使用非語言信號，比如用手指指一下時鐘或者床，為孩子準備水果時附上一張寫著「記得我們的約定哦」的字條，以此提醒孩子抓緊時間寫作業。

此外，我們可以使用的非語言信號還有撫摸、擁抱、親吻、點頭、微笑等。下面這些非語言方式，是我們和孩子交流中經常會用到的。你可以記下來，在合適的情況下使用。

● 撫摸：滿足孩子渴求關注的心理需求

- 擁抱：給孩子更多的安全感和溫暖
- 親吻：讓孩子感受到你的開心和快樂
- 握手：傳遞你堅定的力量
- 點頭：傳遞認可和鼓勵
- 微笑：傳遞默許和包容
- 眼神：表明你是默許、支持或者反對
- 表情：傳遞你內在的態度

當你使用非語言信號時，孩子很大機率會配合你，因為用提醒、非語言信號來取代說教、責備，會讓孩子覺得自己是被父母尊重的，他會更願意邁出合作的那一步。當然，也可能出現你使用了非語言信號但是孩子拒不合作的情況。此時，你仍然需要忍住嘮叨的衝動，讓孩子體驗一次不能完成作業或者太晚睡覺的後果。你要相信孩子有向好的本能和自我調適的能力。父母用嘴巴告訴孩子的經驗，即使再正確，孩子如果不聽，也只是無效經驗。而孩子透過親身體驗總結得來的經驗，雖然其間會走一些彎路，甚至浪費很多時間，但這是有效的，對於孩子來講更加深刻難忘。

許多事實告訴我們，只有當孩子覺得學習是自己的事情時，他們才能更有責任感、更有原動力，並且會主動地去尋找解決問題的辦法。如果家長一味地嘮叨，而不讓孩子自己體驗、感受，那麼就會像美國知名教育工作者、史丹佛大學的茱莉・

李斯寇特-漢姆斯在《如何養出一個成年人》一書中寫到的一樣：「如果我們以這種方式養育孩子，那對孩子來說，童年就沒有成為他們學習獨立思考的訓練場，他們只是『做』了童年清單上的各種事情。如果我們沒有教他們思考，也不允許他們思考，那我們就沒有幫孩子做好在大學、職場和生活中取得成功的準備。」

當你對孩子的表現不滿意時，可以用傾聽和非語言信號代替說教，並讓它成為你和孩子的日常溝通模式。不久，你會發現，孩子正在逐漸成長為一個有主見、有獨立思考能力和自主學習能力的人。我們不可能永遠陪在孩子身邊，教會孩子為自己的人生負責，是我們送給孩子最好的禮物。

本章重要工具

避免說教的實用小方法：

① 傾聽，允許並鼓勵孩子表達想法

- 注視孩子（眼神溫柔、專注）
- 微笑點頭（不打斷或者說教、命令孩子）
- 適當地啟發式提問（還有呢？為什麼呢？可以再多說一點嗎？）

② 善於釋放非語言信號

- 提前告知約定（要提前一些時間來提醒孩子，和孩子約定好非語言信號表達的意思）
- 使用非語言信號（用肢體語言、表情或暗號來表達）

使用場景：當孩子的一些不當行為讓你總是忍不住嘮叨幾句時，請使用傾聽和非語言信號代替，作為你和孩子的日常溝通方式，化「家長多說」為「孩子多說」。

注意：在你忍不住想要嘮叨孩子時，控制住自己，首先傾聽孩子的想法，了解孩子這麼做的原因是什麼，多對孩子微笑，多使用啟發式提問和提前提醒。我們是孩子的「陪伴者」，而不是孩子的「評判者」。

能讓孩子學到什麼：當孩子拖拖拉拉時，可以提醒他約定的時間快到了，讓他逐漸學會管理自己的時間。當孩子總是被動地在家長的督促下學習時，多使用非語言信號和傾聽，讓孩子學會主動學習，主動思考，主動表達自己的想法。

本章小練習

學習避免嘮叨

當孩子不想去上才藝班，你的嘮叨毛病又要復發時，練習一下傾聽和非語言信號這兩個溝通的小妙招。一方面，傾聽孩子的真實想法，另一方面，運用非語言信號溝通法和孩子做一些約定，培養孩子自主管理的好習慣。

09 破解行為密碼
找到孩子不當行為背後的目的

在大量的家庭教育諮詢個案中，我們發現，家長提出的困擾和挑戰，有很大一部分是關於孩子寫作業拖拖拉拉的。例如，明明一個小時可以完成的作業，一定要拖到上床前；明明剛開始寫五分鐘，就吵著要休息、喝水、上廁所；明明那些題目都會，但他就是不想寫……在我們家長訓練營的群組裡，媽媽們一說起孩子寫作業拖延的問題，就紛紛表示頭痛。要想解決孩子拖延、拖拖拉拉的問題，首先要了解孩子不當行為背後的原因。當一個孩子出現不當行為時，家長們可以把這一錯誤行為看成一個密碼，詢問自己：「他真正想要告訴我的是什麼呢？」只有找到了孩子的行為目的，才能對症下藥。

不當行為背後的目的

羅納德．阿德勒認為，人的一切行為都是由目標激發的。此後，美國兒童心理學家魯道夫·德瑞庫斯對這個理論有了進一步闡釋。他認為，孩子不會去做沒有目的和回報的事情，他們的吵鬧、對抗、叛逆好像是隨機而起，但其實都是為了達到某種目的。很多家長不解，孩子寫作業拖延，自己照著書本或者過來人的經驗照搬方法時，卻發現根本行不通，到底是方法不對，還是自己使用的方式不對呢？其實可能都不是。孩子寫作業拖拖拉拉的表現看起來差不多，但是背後的原因和目的各不相同。孩子學習拖拖拉拉、磨蹭的行為，就像是冰山水面上的一角，而冰山水面下的主體部分，才是孩子真正的想法。家長們只有看懂了孩子行為背後的深層動機，才能找到破解孩子不當行為的密碼。

阿德勒認為，孩子所有的不當行為，都是出於這四個目的：

- 尋求過度關注
- 尋求權利
- 報復
- 自暴自棄

當你找到一種方法，能夠識別孩子錯誤行為背後的目的和想法時，你就能有針對性地幫助孩子達到他們真正的目的，幫助孩子獲得歸屬感和價值感。然後，孩子的不當行為就會消失。

破解行為密碼三步法

這裡，我提供給家長一個實用的工具，即「錯誤行為目的表」，用以識別孩子不當行為背後的目的。為了配合這個表格的使用，我將講述「破解行為密碼三步法」：

第一步：情緒暫停（不要被孩子的不當行為激怒——這個方法的使用步驟我們在前面講過）

第二步：找密碼（根據兩條線索在「錯誤行為目的表」中查找）

第三步：對症下藥（和孩子一起解決問題）

透過這個方法，我們可以輕鬆地解決親子間90%的衝突和挑戰。

還是以孩子寫作業拖延為例，下面這四個場景都是家長課上經常被提及的，我們來看看這其中的不同。

第一個，晚上喊孩子寫作業，結果孩子一會兒喊身上癢，一會兒說筆沒水了……好不容易安靜地寫了不到兩分鐘，又捂著肚子說肚子痛，要去廁所……孩子持續不斷地搞小動作，把家長支使得團團轉。此時，他的行為背後的真正動機是什麼？是想獲得存在感，得到家長關注。

第二個，晚上喊孩子寫作業，孩子說：「我不想現在寫。」家長說：「你再不寫今晚就不能按時睡覺了。」孩子說：「你別管我，我自己心裡有數。」幾個回合較量下來，孩子依舊表示不想現在寫作業。此時，孩子行為背後的動機是什麼？他在跟父母尋求權利，希望透過這樣的行為讓父母知道「你們是管不了我的」。

第三個，晚上喊孩子寫作業，孩子冷冷地說：「你先管好你自己吧，一天到晚玩手機，憑什麼喊我寫作業！」然後摔門進了自己的房間。當孩子出現這樣的行為時，你們之間一定發生過一些讓孩子很傷心的事情。此時，他在尋求報復，他的內心情緒是「你讓我難過，我也不會讓你好過」。

第四個，晚上喊孩子寫作業，孩子盯著作業本，就是不下筆。家長催促他，他就把頭埋到胸口，用蚊子哼哼一樣的聲音說自己不會。可家長拿過本子一看，發現都是一些簡單的題目。但不管怎麼苦口婆心地勸導，孩子都只會小聲說：「我不會，我真的不會。」這個時候，孩子不是學習態度不端正，而是他真的無能為力，自暴自棄。

在上述四個場景中，同樣都是家長喊孩子寫作業，孩子不配合，但孩子行為背後的目的是完全不一樣的。下面我們來看如何利用錯誤行為目的表來分辨孩子行為的目的。

這個表格縱向對應著我們介紹過的孩子的四個行為目的：尋求過度關注、尋求權利、報復和自暴自棄。橫向包含六項，分別是孩子不當行為的目的、孩子做出不當行為時家長可能的感受、家長的錯誤回應、面對錯誤回應時孩子的反饋、孩子不當行為背後的隱藏訊息、家長應做出的正確的鼓勵性回應。

這個表格中有兩個線索，可以幫助家長迅速判斷孩子錯誤行為背後的目的，同時找到解決辦法。

線索一：當你的孩子出現不當行為時，你可以問問自己現在的感受是什麼，是感覺到害怕、受傷還是被擊敗、無助，又或者有什麼其他感受。然後，你可以根據當下的感受去對照錯誤行為目的表，查找與你現在的感受對應的詞，從而識別孩子的行為目的。

線索二：當你用錯誤的回應方式要求孩子停止其行為時，孩子的反應是什麼？孩子是表現出暫時停止過後重複，還是變本加厲，又或者完全消極毫無改進？基於孩子的反饋，家長可以從錯誤行為目的表中找到與之對應的隱藏的行為密碼，這裡也會指向孩子行為的目的。

這些線索能幫助你「解碼」孩子的行為，讓你了解孩子的行為目的，以及行為背後的真實訴求。這時，你就可以按照錯誤行為目的表的最後一列找到解決方法了。

錯誤行為目的表

孩子的目的	尋求關注 操控別人為自己奔忙或得到特殊關照	尋求權利 「我說了算」
家長或老師此時的感受	●心煩 ●憤怒 ●著急 ●愧疚	●被激怒 ●受到挑戰 ●受到威脅 ●被擊敗
家長的錯誤回應	●提醒 ●哄勸 ●替孩子做事情	●應戰 ●投降 ●嚇唬孩子說「你休想逃脫」或「瞧我怎麼收拾你」
孩子的反饋	●暫停片刻，但很快回到老樣子，或者換成另一種打擾行為 ●當家長進行一對一關注時，錯誤行為停止。	●變本加厲 ●屈從而內心不服氣 ●看家長或老師生氣，就覺得自己贏了 ●消極對抗
隱藏的行為密碼（孩子行為背後的訊息）	「請看看我吧，讓我體現出自己的存在價值吧。」	「讓我幫忙吧，給我獨自選擇的權利。」
正確的鼓勵性回應	透過讓孩子參與一個有用的任務，轉變孩子的行為：「我愛你，而且……」（例如，「我在乎你，會花時間陪你」。） ●安排特別時光，建立日常慣例 ●定期召開家庭會議，對孩子的近期表現進行回應 ●默默愛撫孩子 ●設定一些無言的暗號	承認不能強迫孩子，並請求孩子幫助：「你可以自己決定，你覺得……」 ●不要開戰也不要投降，要撤離衝突，讓自己冷靜下來 ●堅定而和善地表達想法 ●讓日常慣例說了算 ●培養相互的尊重 ●給予有限度的選擇 ●在設置合理限制時，詢問孩子的意見 ●引導孩子，把權利用在積極的方面

孩子的目的	報復 以牙還牙	自暴自棄（認為自己能力不足）放棄，且不願意別人介入
家長或老師此時的感受	●傷害 ●失望 ●難以置信 ●憎惡	●絕望 ●無助 ●無能為力
家長的錯誤回應	●反擊 ●認為「你怎麼能這樣對我？」	●放棄 ●給孩子提供過度幫助
孩子的反饋	●反擊 ●傷害別人 ●毀壞東西 ●行為升級或換另一種武器	●消極退避 ●毫無改進和響應
隱藏的行為密碼（孩子行為背後的訊息）	「請幫幫我，我受傷了，請承認我的感受吧。」	「別放棄我，讓我一點點進步吧。」
正確的鼓勵性回應	處理受傷的感受：「你的行為告訴我，你一定覺得受到了傷害。能和我談談嗎？」 ●避免懲罰和還擊 ●反射式傾聽 ●做出彌補 ●鼓勵其長處 ●召開家庭會議	表達對孩子的信任：「我看到你很用功，我相信你……」 ●小步前進 ●停止批評 ●鼓勵任何一點點的積極努力 ●關注孩子的優點 ●拒絕憐憫 ●設置成功的機會 ●教給孩子技能，示範做法 ●以孩子的興趣為基礎 ●鼓勵，鼓勵，鼓勵

錯誤行為目的表出自《正面管教家長培訓師指南》

現在，我們嘗試就前文提到的寫作業拖延的問題重新制訂解決方案。

孩子寫作業，總是想方設法提出各種無關要求，支使家長為自己做事，但一切就緒後還是不能專注在學習上。這個時候，你可能就會感覺煩躁。當你發現時間已過去了一大半，孩子的作業仍然沒有進度時，你進而感受到憤怒。這時家長的回應有可能是「你還有完沒完？」、「再不寫作業，週末去公園的活動就取消了」……現在我們對應到錯誤行為目的表中，當你的感覺是煩躁、憤怒、著急時，孩子的行為目的其實是尋求關注。他的密碼訊息是「請看看我吧，讓我體現出自己的存在價值吧」，而「你還有完沒完？」、「再不寫作業，週末去公園的活動就取消了」這兩種回應都是負面關注，沒有看到並滿足孩子真正的需求，因此也無法讓孩子停止錯誤行為。

更好的做法是，你可以嘗試用溫和而堅定的語氣告訴孩子：「媽媽知道，你需要媽媽多陪你一會兒。媽媽一直在這裡，九點到九點半是我們的特別時光。你一寫完作業，就可以找媽媽來陪你。」當你這樣表述時，孩子就會知道，你理解了他的需求，而且他的需求是可以被滿足的，孩子就得到了一個積極而正向的回應。當孩子能夠透過高效完成作業這種正向方式獲得媽媽的關注時，他就不會再採取打擾媽媽這種不當行為了。透過破解行為密碼三步法，我們可以很好地找到問題的關鍵，從而成功化解寫作業危機。同樣，當孩子出現其他不當行為時，我們也可以在破解行為密碼三步法中尋求解決辦法。

當然，有時即使我們知道了線索和解決方案，事情也不總向著我們預想的理想狀態發展。因為當我們面對一個做出不良行為的孩子時，我們太容易陷入憤怒的圈套，而不是停下來冷靜思考孩子行為背後的動機到底是什麼。我們只會看到面前這個無理取鬧的孩子很強勢，在試圖挑釁，卻完全忽略了他內心那些沮喪、脆弱的呼喊。有時孩子並不知道自己真正想要的是什麼，他只能透過不斷犯錯來摸索怎樣做才能得到父母的關注和愛。所以請記住，永遠不要在情緒激動的狀態下嘗試解決問題，這只會讓問題本身連同我們的親子關係都變得更糟。在遇到這種情況時，家長們可以按照本書前面提供的方法，先按下情緒暫停鍵，去情緒暫停區做一些讓自己放鬆的事情，等自己的情緒變得平和後，再來跟孩子溝通。

當你總是能夠透過孩子的不當行為發現孩子行為背後的想法，並且能夠滿足孩子的需求時，你會發現，你的孩子更容易擁有良好的情緒、穩定的性格狀態，也就更能將全部的精力投入到他的自主學習中去。

本章重要工具

破解行為密碼三步法：

① 情緒暫停（不要被孩子的不當行為激怒）

② 找密碼（根據兩條線索在「錯誤行為目的表」中查找）

③ 對症下藥（和孩子一起解決問題）

使用場景：當孩子有不當行為時，可以使用這個溝通工具，對照錯誤行為目的表，尋找解決問題的辦法。

注意：不在有情緒時解決問題，準確地識別自己的感受和孩子不當行為背後的真實目的。否則，我們所有的應對都可能「治標不治本」，無益於問題的解決。

能讓孩子學到什麼：讓孩子知道，父母一直在關注並關愛著他。有什麼問題和困難，可以向父母求助，用積極的方式來表達，父母會和他一起解決。

本章小練習

熟練使用錯誤行為目的表

孩子不想去才藝班，或者寫作業總是拖拖拉拉、磨蹭……當孩子有不當行為時，當你為此情緒衝動時，可以試著練習使用「破解行為密碼三步法」來解決問題。這個方法可以讓你懂得情緒暫停，不被孩子的不當行為激怒，同時能夠了解孩子不當行為背後的真正目的，對症下藥，和孩子一起解決問題。經常做這樣的練習，還可以增進親子關係，培養孩子主動學習和自主解決問題的好習慣。

事件	線索一	線索二	孩子的錯誤目的	正向應對方式

10 充分利用犯錯
錯誤是學習的好機會

在我們的家長課上，許多家長提到，他們常常因為孩子反覆犯同樣的錯誤而大動肝火，我身邊的一些同事朋友也是如此，甚至我有時也會這樣。為什麼孩子會把父母的批評和提醒當作「耳邊風」，在一些問題上一錯再錯？孩子犯錯後，家長本能地去糾正，甚至責備、打罵孩子，希望孩子能夠在為自己犯的錯誤付出代價後吸取教訓，下次不會再犯。然而，當我們這樣做時，孩子是怎麼想的呢？

透過和孩子溝通以及研究案例發現，犯錯後受到大人嚴厲批評的孩子，很大機率會有以下兩種表現：一是對父母產生牴觸情緒，不再信任父母，日後若再發生類似問題，孩子會盡力遮掩，避免被父母發現；二是默默承受，在心裡種下一顆「我是不夠好的，我是不被愛的」的種子。我們都期待孩子從錯誤中吸取教訓，累積經驗，但遺憾的是，這往往並不會發生。

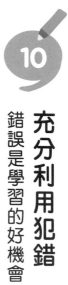

從錯誤中學習

儘管我們都知道人無完人，但在實際生活中，我們常常無法接受自己的孩子會犯錯。其實對於任何一個人，犯錯都並非毫無意義。人的學習方式有兩種：一種是從他人的經驗中獲取知識，比如讀書或聽老師、家長講等。這是一條捷徑，可以在短時間內快速學到很多知識和經驗；而另外一種是從自己的錯誤中學習經驗教訓，將錯誤轉變為一個新的學習機會。在總結錯誤原因、尋找解決方法的過程中，將教訓轉化為收穫。這種學習方式雖然辛苦，但體驗更為深刻，對解決辦法的理解也會更加透徹，因此是更為可貴的學習路徑。

犯錯是孩子人生成長中的必然經歷。不給孩子犯錯的機會，就是剝奪了孩子從錯誤中學習的機會。家長如果看到孩子的某個錯誤就緊抓不放，無限上綱，不斷地向孩子釋放負面信號，孩子就會在心裡對犯錯產生應對反應。因為害怕，他會逐漸放棄接受新的事物，他的大腦對外界新事物的感覺也會走向衰弱。長此以往，不僅孩子的學習能力、認知能力變得越來越弱，還會逐漸形成「我改不了」的思維定式。孩子因為不相信自己能夠改正錯誤，所以要嘛選擇逃避，要嘛選擇放棄付諸努力彌補錯誤。家長是否能容忍孩子犯錯，不僅對孩子學習知識非常重要，對於孩子的性格養成也至關重要。

心理學家馬努．卡普爾曾經提出過「有效失敗」的概念。他把成功分為有效成功和無效成功，把失敗分成有效失敗和無效失敗。有效成功就是讓孩子在完成任務的過程中有所收穫的成功，而無效成功則是儘管完成了任務，但是孩子從中得不到任何收穫的成功。同理，有效失敗就是讓孩子得到經驗教訓的失敗，而無效失敗則是孩子失敗了，且沒有得到任何啟示和收穫。

舉個例子，老師給了作文作業，有的孩子透過上網搜索或者看作文書，很快找到了優秀範文和案例，拼拼湊湊地改寫下來；有的孩子則是回憶自己的生活經歷，透過自己構思和遣詞造句，

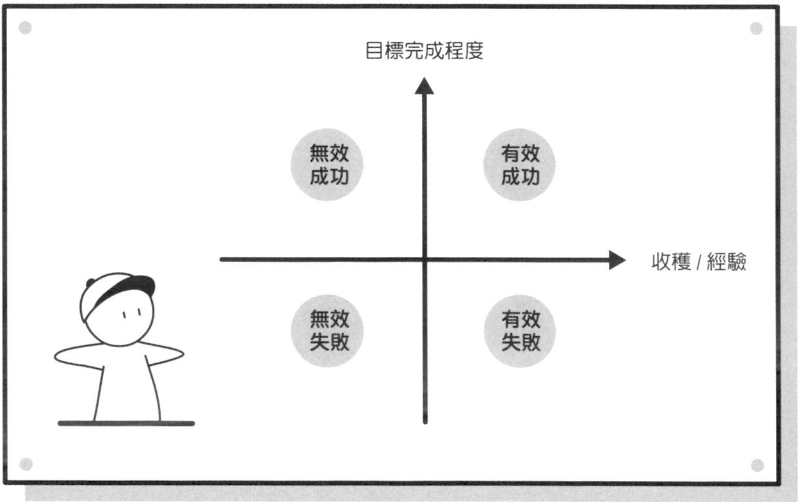

圖 2-4

寫出了一篇不那麼完美卻飽含真情實感的作文。從短期效果來看，前者可能輕鬆地贏得了老師與家長的肯定和表揚，然而這個學習成果卻是「無效成功」，因為缺乏深入思考的拼湊改寫並不能讓孩子提升寫作能力；而後者雖然花了更多的時間和精力，作品本身可能也稍顯稚嫩，但在寫作過程中，孩子透過自己有價值的思考，獲得了寫作技巧，提高了自己謀篇布局的能力和駕馭文字的能力，這就是「有效失敗」。只要孩子在學習過程中獲得的知識經驗或者結果都是有效的，那麼這個學習過程就是有意義的。

孩子犯錯不一定是陷阱，而家長不讓孩子犯錯則是真正的陷阱。作為父母，我們要學會容忍孩子犯錯，錯誤和滿分一樣寶貴。只有我們不再為孩子犯錯而備感焦慮，孩子才能夠有足夠的勇氣正視錯誤，並且從錯誤中吸取教訓，獲得新的經驗感悟。也只有這樣，孩子才有信心採取正確的行動，積極改正錯誤，逐漸形成「我不怕犯錯，我可以改正」的正向思維模式。

把「錯誤」轉化成「經驗」

那麼，家長怎樣做才能引導孩子把「錯誤」轉化成「經驗」，不斷激勵他們一路向前呢？要幫助孩子從錯誤中學習，真正掌握解決問題的能力，你可以嘗試兩個方法。

刻意練習

《刻意練習》的作者安德斯．艾瑞克森研究了許多被稱為「天才」的人，他發現，人們眼中的天才之所以卓越非凡，並非天資過人、天賦異稟，而是付出了持續不斷的努力。一萬小時的錘煉是任何人從平凡變成世界級大師的必要條件，這與古人常說的「熟能生巧」、「業精於勤」有異曲同工之妙。

刻意練習，顧名思義，就是要帶著目的和問題來練習，不是簡單地重複作業。無思考的重複性勞動是一種「無目的練習」，很難帶來實際的進步。動輒抄寫試卷、抄寫單字十幾遍就屬於無目的練習，因為在做這件事情時，家長或老師並沒有引導孩子思考「哪些知識沒有掌握」、「哪些概念容易混淆」、「要怎樣改正錯誤」、「怎樣思考才能避免下次再犯」等問題。孩子抱著趕工交差的心態，即使如數完成了抄寫，知識水準也沒有得到提升。無效練習，不僅會浪費時間，還會扼殺孩子的學習興趣。當學習對孩子是一種懲罰時，就變得毫無樂趣可言，更不要說提升能力了。

我們通常所說的刻意練習是一種有目的的練習，關於刻意練習，需要注意以下兩點：

要有特定的練習目標。重複或許無法避免，但有目的的練習能讓我們保持進步。孩子考試成績不理想時，與其漫無目的地抄試卷，不如針對答錯的題目逐個分析定點擊破。深入分析答錯的題目後，家長可以讓孩子做同類型題目加強練習，讓孩子在專項練習中進一步內化知識，明確解題思路。面對答錯的題目，大海撈針式的重複練習並不可取，只有有針對性地解決易犯錯錯，孩子才能真正地掌握題目所包含的知識，完成學習目標。

一定要及時反饋。練習的目的是幫助孩子加深記憶，學會知識，提高某種技能。好的訓練方法往往要透過不停地摸索、反覆修正才能找到，這個過程必須包含反饋。以彈鋼琴為例，孩子練習鋼琴時，父母可以把練習過程錄下來，之後和孩子一起回看，對於練琴中的坐姿、手勢、出錯點、出錯原因、改進方式等及時地進行總結反饋，讓孩子知道練習的效果，了解可以調整改進的地方。帶著這樣的檢測和反思，引領孩子進入「練習→反饋→改進→練習」的正向循環中，不斷提高孩子的水準。

在提升技能、不斷精進的道路上，刻意練習起著非同小可的作用。「天才」是訓練的產物，一個普通人也可以透過正確的練習脫穎而出，卓爾不群。但枯燥且無目的的練習是不可取的，因為這樣可能會破壞孩子對學習的興趣和對知識的好奇心。

專注於解決問題

在指導孩子學習時，我們有時會陷入思維的謬誤。我們認定，孩子犯錯時，只有讓他感覺更糟，下次才能做得更好。但一次次的指責、抱怨、威脅、懲罰，早已讓事件脫離了問題本身。孩子的信心受挫，親子關係也由此出現裂痕，父母與孩子在彼此指責的困境中將問題越滾越大。

我認識一個男孩，今年十歲，聰明伶俐，成績中上，但有一點不足是做事馬虎，每次考試他總是在一些不該錯的地方出問題。一次家長會後，男孩向他的父母保證要杜絕粗心，並且自覺自願地立誓：每週一到週五，主動抄寫答錯的題目，貼到牆上；週末匯總複習一週答錯的題目，加深記憶；如果同樣題型依舊做錯，取消週末踢球活動；如果考試成績掉出前十名，限制購買玩具……看到這裡，大家也許會以為，孩子主動接受了懲罰，積極要求改正錯誤，下次肯定不會因為粗心大意而失分了。然而結果是，孩子抄寫了答錯的題目，週末也不再踢球，可考試時還是一樣出錯。

為什麼孩子主動下定決心，卻沒有真正改正錯誤呢？因為他沒有找到解決問題的關鍵點。關鍵點不在於反覆抄寫，而在於掌握知識。粗心是一種非常籠統的表現，具體展現到答錯的題目上，孩子並沒有找到實質原因。

我們可以換一個方式來解決。家長收到孩子的「誓言」時，先給他一個親切的擁抱，告訴他：「這次沒有考好，你心裡一定也很難過，我們來一起分析一下你為什麼會出錯。」針對孩子試卷上的錯誤，和孩子一起討論相關的知識，需要在哪些方面強化練習，以及父母可以做什麼來幫助孩子避免同樣的錯誤。比如，當孩子要求抄寫答錯的題目時，幫助孩子分析題目中的陷阱和常見的出錯原因；當孩子週末匯總答錯的題目時，給孩子提供有針對性的強化練習；當孩子因再次出錯而難過時，帶著孩子酣暢淋漓地踢一場球，幫孩子甩掉沉重的包袱；當孩子因為成績不理想而鬱鬱寡歡時，送他一套最愛的玩具，告訴他：「無論你考試成績如何，爸爸媽媽都愛你。我們相信經過不懈努力，你會不斷改正錯誤，越來越棒。」

這兩種解決問題的方式表面看起來似乎沒有太大差別，但背後的思維邏輯完全不同。前者關注的是錯誤本身，認為孩子應該為自己的錯誤付出代價；後者關注的則是錯誤背後的原因，目的在於發現尚未解決的問題，教孩子如何避免犯同樣類型的錯誤。

從這個例子中我們可以了解到，專注解決問題本身，需要抓住三個重點：問題是什麼？為什麼會出現這個問題？怎麼解決這個問題？父母可以透過啟發式溝通，和孩子一起發現問題，探討解決方案，並且培養孩子獨立解決問題的技能。

在解決問題的這一過程中，我們要時刻謹記這四個原則：

- 相關：解決方案應與行為直接相關，不貼標籤，不翻舊帳，不進行人身攻擊
- 尊重：無論解決方案是什麼，都要傾聽孩子的需求，保持對孩子的尊重，不摻雜人身評價，不要傷害孩子的感情，不要打擊孩子的自信心
- 合理：解決方案要合理，令人信服，拒絕變相懲罰
- 有幫助：能切實幫助孩子改正錯誤，解決問題，有助於孩子的能力發展

當我們把關注的重點聚焦到「幫助孩子解決問題」上時，親子溝通衝突的出現機率就會大大降低，情緒內耗也會大大減少，親子關係會更加和諧融洽。

有的家長可能會說：「如果我做到了專注於解決問題，孩子依然犯錯怎麼辦呢？」要知道，問題的改正不是一蹴而就的。孩子從牙牙學語到長大成人，就是在不停的試錯中獲得成長的經驗，從而掌握生活技能，增強各項能力的。父母要做的是陪伴與糾正，溫暖與包容，賦予孩子改正錯誤的信心，陪伴孩子找到改正錯誤的方法，幫助孩子一點點進步，從錯誤中學習，實現自我提升。

當家長主動結束管教紛爭，避免權利之爭，專注於和孩子一起發現問題、解決問題時，孩子的思維方式也會發生積極的改變。他不會再試圖隱瞞錯誤，而是把錯誤看作學習機會，主動跟家長一起探討從錯誤中能學到的東西，並且能積極地找到避免錯誤的方法。

本章重要工具

讓孩子「有效犯錯」的兩個方法：

① 刻意練習：

- 有特定目標（針對錯誤出現的原因）

- 及時反饋（看到階段練習的效果並進行及時調整）

② 專注於解決問題：

- 相關（解決方案應與行為直接相關）
- 尊重（無論解決方案是什麼，要保持尊重的態度）
- 合理（拒絕變相懲罰）
- 有幫助（有助於能力發展）

使用場景：當孩子犯錯時，運用上述方法，幫助孩子讓錯誤變得有價值，即能夠從錯誤中吸取經驗和教訓。

注意：在針對錯誤進行刻意練習時，不要變相懲罰。練習要針對錯誤出現的原因，而且要對練習的效果進行評估，避免做無用功。

能讓孩子學到什麼：透過針對答錯的題目的練習，讓孩子學會從錯誤中總結經驗，不斷地完善自己的技能，提高自己的能力。更重要的是，讓孩子明白，犯錯是非常正常的，不要害怕犯錯，更不必掩飾錯誤，從錯誤中學習是我們成長的必經之路。

本章小練習

寬容孩子的錯誤

當孩子犯錯時，你會怎樣對待孩子及其犯的錯誤呢？是懲罰孩子，還是和孩子一起分析錯誤的原因，幫助孩子解決問題？試著運用本章「有效犯錯」的兩個方法，來解決孩子的錯誤問題。當你轉變了對錯誤的看法時，孩子就能把錯誤當成寶貴的學習機會，他也會成長為一個有勇氣面對新挑戰的人。

Part 3

習慣自控力

自控，是一種深層次的內心力量，它能使人保持理智，頭腦清晰，不會因為一時的誘惑而改變自己的思想和行為。研究表明，人體的調節和控制能力會隨著年齡的增長而逐漸增強。這也就意味著，孩子在面對一件事情時所表現出來的自控能力較弱，是由於他們的神經系統發育不完全，大腦皮質的抑制機能尚不成熟。在鍛鍊孩子的自控力時，我們需要從孩子熟悉的日常生活中著手，在自理、自律、專注、高效、獨立五個方面進行培養。從他律到自律，不是天生的能力，需要我們陪伴孩子不斷練習養成。但也要牢記，在孩子的人生之旅中，我們不是駕駛員，我們只是陪練員。

11 自理 在家務中養成

家長們也許都遇到過類似的場景：辛苦工作一天後回到家，還要拉起袖子進廚房，好不容易吃完飯，還得拖地、洗衣、收拾房間……父母忙得焦頭爛額時，想讓孩子幫忙做點家務，可孩子要嘛推脫說手痛，要嘛說要寫作業，要嘛就是線上課程馬上開始……節假日也是如此，總之就是什麼事都不想做。

在當下的社會結構中，「4－2－1」（四個老人、一對夫妻、一個孩子）模式的家庭日益普遍，一個孩子可能同時享受著六位長輩無微不至的照顧，過著衣來伸手、飯來張口的生活，在這種家庭教育環境中，孩子對父母、家庭過度依賴，自然缺少基本的生活自理能力和勞動能力。

✔孩子不會自理的根源在於父母

自理能力指人們在生活中照料自己、自己解決問題的行為能力，包括生活自理能力、學習自理能力、人際交往自理能力等。在養育孩子的過程中，大部分家長都會更關注孩子的生活舒適性、智力發育度、學習自主力等，把家庭教育片面理解成對孩子進行讀書、寫字、繪畫、彈琴等知識技能的訓練，忽視了穿衣、吃飯、個人衛生、理財消費等生活自理能力的養成。家長抱怨孩子缺乏獨立生活的能力，卻沒有思考過，造成當前局面的原因可能正是自己干涉太多。

讓我們一起來看看，在孩子拒絕自理之前，很多家長都做過什麼。孩子很小的時候，你不捨得讓孩子自己動手，攬下了所有事情；孩子入學後，課業負擔重，於是就讓孩子專注學習，不許他在其他事務上浪費時間；孩子長大些，你想讓孩子幫忙打理家務，但你嫌棄他摔碎盤子和碗、洗衣服不乾淨，於是不再讓他幫忙；孩子能夠獨立承擔一些家務了，你又因為他做事拖拖拉拉而著急上火，乾脆請了鐘點工……於是，作為父母，我們就這樣一步一步理直氣壯地剝奪了孩子的勞動權利。

其實，很多家長都有相似的想法和經歷。一些父母認為，孩子只要每天練琴、做題目、寫作業、完成必讀書目就可以了，其他事情都不必做，別為其他事情分心。家長把孩子的生活內容硬生生地從社會生活中分離出去，變成了只有讀書、寫作業、上各種才藝班等單純的幾項。然而，孩子的知識技能增長了，基本的生活能力卻丟失了。甚至有些家長由於工作繁忙，缺少陪伴孩子的機會和時間，對孩子的自理能力缺乏應有的認識和引導，以致淡化了兒童自理意識的形成。孩子從不想、不願到最後無力為自己的生活負責，喪失了生活力的同時，自主學習力也並未能夠培養起來。

中國青少年研究中心的調查數據顯示：近半數（47%）父母經常代替孩子勞動，41%的父母明確表示孩子不做或幾乎不做家務。所以我們會見到很多孩子上小學了還不知道怎麼收拾書包，八、九歲了還不能自己綁鞋帶，上國中了還不知道應該怎樣整理房間……當孩子逐漸養成了萬事依賴家長、不願意自己動手做事的「懶」習慣時，孩子的生存和生活能力也就弱化了，隨之而來的還有勞動意識淡薄、抗挫折能力降低、做事畏首畏尾等負面影響。而這些影響並不止步於童年時期，孩子成人後也會因勞動能力弱、做事怕擔責任而難以勝任工作，難以融入職場，立足社會。當孩子的生存都受到挑戰時，生活又從何談起呢？

一個朋友曾經跟我講過她的一些體驗。她說：「我高中寄宿，因為不會梳頭髮、不會洗衣服哭過。畢業工作後，因為不夠重視工作，被老闆批評。成家後，因為不會炒菜做飯跟老公爭吵過無數次。生孩子後，因為不會照料孩子，時刻處於崩潰的邊緣……」被父母一手包辦的孩子長大成人後，還要每天花費時間學習原本早就應該熟練掌握的基本生存能力，這對孩子來說，真的是巨大的傷害。

做家務可以培養孩子的自理能力

哈佛大學一項長達二十年的研究表明，愛做家務的孩子跟不愛做家務的孩子相比，就業率為15：1，犯罪率是1：10。前者收入比後者高20％，而且婚姻更幸福，心理疾病患病率也更低。中國教育科學研究院對全國兩萬個小學生家庭進行調查的結果也表明，和不做家務的孩子相比，做家務的孩子成績優秀的機率高了二十七倍。可見，在孩子的成長過程中，家務勞動與孩子的動手技能、認知能力的發展以及責任感的培養有著密不可分的關係。

美國超級豪門洛克菲勒家族傳承六代，代代精英。他們的家規的其中一條就是讓孩子從小記帳和做家務。美國歷史上首位進入內閣的華人部長趙小蘭，她的父母養育了六個非常優秀的女兒，他們的教育理念是「愛而不嬌，嚴不守舊」。趙小蘭的父母要求孩子自己洗衣服、打掃房間，閒暇時還要六個孩子分擔家裡的瑣事，幫家庭做支出規劃。因為從小就為家庭分擔家務，所以每個孩子都十分獨立自主，全部就讀於世界知名大學，成為各自所在領域的精英。

對家務的重視，是很多精英家庭對培養孩子自主性和責任感的首選。已經有無數成功人士的教育經歷證明：學習做家務是提升孩子自理能力的最直接方式，也是培養自立、自律能力的前提。在培養兒童的自理能力和勞動能力上，家長就是最好的老師。家長的一言一行對孩子的思維方式、實踐方式都有著莫大的影響。家長在生活中應當鼓勵孩子多參與一些力所能及的家務勞動，比如洗碗、拖地、整理自己的衣物等，既能夠增強獨立能力，又能強健體魄，為將來步入社會打下良好的基礎。

我們每個人，哪怕是很小的孩子，都會有自我實現的追求。孩子內在的自我實現追求，會激勵他們獨立完成一件又一件事，並且期待越做越好。因為對孩子來說，每一次成功的獨立行動都會在內心塑造出「我是成功者」的意象。在完成每一次擦桌、掃地、洗碗、洗衣服、給花草澆水、疊被子、晾衣服等家務的過程中，孩子會開心地發現：「原來我這麼厲害，我能做好這麼多事。」當孩子體會到成功，就會越來越自信，並對其他獨立行動躍躍欲試，逐漸形成生活能力和學習能力互相促進提高的良性循環。

孩子做家務的五大收穫

讓孩子學會做家務，要解決的首要問題就是，讓孩子知道做家務到底能為他帶來什麼。

孩子是家庭的一分子，擔負著家庭成員應盡的責任與義務，分擔家務也是他的職責之一。而且，孩子生活在這個世界上，應該全方位地接觸、了解生活。可不要小瞧做家務這件事，雖然看起來容易，但是想要真正做好，也要動腦筋想辦法，在一次次的實踐中總結教訓，累積經驗，這絕不是單純拚體力就能做到的。例如，打掃房間時應該先掃地還是先擦灰，炒菜時應該先炒肉還是先炒青菜，洗衣服時應該怎樣洗不同材質的衣服……

勞動兼有學習與創造這兩個功能。在實際操作過程中，孩子經常會遇到問題和困難。這就會促使他對勞動的結果進行預設和判斷，對勞動過程有所思考和安排。可以說，家務勞動是一種知行合一的綜合性教育實踐，蘊藏著豐富有趣的教育資源和教育實踐，是孩子在課堂、書本上學不到的。總的來說，做家務可以讓孩子收穫以下五個方面的成長：

1. 增強動腦動手的能力，掌握有效的勞動技能，形成正確的勞動觀念。
2. 激發求知慾、探索慾和自信心，學習的興趣與能力被不斷地激發和增強。
3. 懂得愛惜勞動成果、尊重他人、感恩和體諒，增進親子關係。
4. 提高學習能力，學會靈活應變、舉一反三，學會時間管理、統籌規劃。
5. 開發潛能，培養吃苦耐勞的精神和獨立自主的生活力。

✔培養孩子做家務習慣的七個步驟

了解了家務勞動帶給孩子的成長收穫，你要解決的第二個問題就是：如何讓孩子養成做家務的好習慣。你可以依據下面七個步驟，幫助孩子養成分擔家務的習慣。

第一步，改變思想，轉變認識。信任孩子，學會放手。最好的引導就是鼓勵，最好的鼓勵就是陪伴，最好的陪伴是放手和不說教。

第二步，給孩子選擇的權利。告訴孩子，他的工作和勞動將為家庭帶來很大的幫助。給孩子提供一份所有他能夠做的家務的清單，讓孩子選擇其中的幾項工作，讓他擁有選擇和控制的權利。

第三步，腦力激盪家務清單。把任務細化，讓孩子明確理解要求，適當地給孩子做家務訓練和示範，創造有趣的方式輪換工作，比如帶轉盤的工作輪、工作圖表或工作抽取罐等。

第四步，和孩子一起做家務。一起發現和記錄好玩的生活小竅門，討論勞動和生活中能夠運用到的基本原理與知識，引導孩子選擇合適的工具，還可以根據具體情況引導孩子思考怎樣改良工具。

第五步，不要用完美主義來要求孩子。提前討論和預估完成家務的時間，盡量不要影響彼此正常的學習、休息或出行等。如果沒能在規定時間內完成家務，要一起尋找原因和改進辦法。

第六步，帶領孩子進行一些複雜又有趣的勞動。不要將家務設定得太過輕鬆，孩子需要從事一些有一定難度和挑戰性的勞動，例如做飯、修理或組裝家庭用具等，這能激發孩子的價值感和成就感。

第七步，召開家庭會議。在家庭會議上討論所有問題，具體而真誠地肯定孩子最近取得的進步，討論遇到的失敗和教訓，總結成功的經驗，並積極尋找解決家務問題的辦法。

需要注意的是，做家務也要循序漸進，不能急功近利。切莫因為發現做家務的好處，就立刻想讓孩子「上得廳堂，下得廚房」。對於那些早已習慣了不做家務、排斥家務的孩子，更不能心血來潮，期望過高。教育是循序漸進的，不管是書本學習還是家務實踐，孩子從認識到掌握都是在曲折中前進的，需要一個較長的過程。讓孩子養成良好的勞動習慣，同樣也是如此。

魯道夫說過，孩子都有希望自己做出好行為的願望，這種願望來自透過合作和貢獻獲得歸屬感和價值感的天性。孩子天生就有做事的潛質和需求，你只要留心生活，留心觀察，在恰當的時候給予孩子積極的引導和鼓勵，不斷堅持，就會水到渠成。

本章重要工具

培養孩子做家務習慣的七個步驟：

① 改變思想，轉變認識
② 給孩子選擇的權利
③ 腦力激盪家務清單

④ 和孩子一起做家務

⑤ 不要用完美主義來要求孩子

⑥ 帶領孩子進行一些複雜又有趣的勞動

⑦ 召開家庭會議

使用場景：當孩子對家務不感興趣時，運用培養孩子做家務習慣的七個步驟，幫助孩子養成做家務的好習慣，培養孩子愛勞動的美德。

注意：在培養孩子做家務的過程中，我們要注意兩點：一是改變心態和認知，二是不要「急功近利」，按照七個步驟，循序漸進地引導孩子愛上家務，勝任家務。

能讓孩子學到什麼：讓孩子愛上做家務，勝任做家務，並且在做家務的過程中能夠靈活地將書本知識用於實踐，養成堅韌、不畏失敗的品格，體驗到自己的能力感。

本章小練習

讓孩子喜歡上整理房間

讓孩子養成做家務的好習慣，可以讓孩子從整理自己的房間開始。試著和孩子一起整理他的房間。可以召開家務會議，討論如何整理，先做什麼、後做什麼、怎麼整理效果更好。可以和孩子一起製作一個整理房間的時間安排表。讓孩子在學習整理房間的過程中，也學會安排時間，動手實踐，並且不斷地創新整理房間的方法。

12 自律源自責任感

好的學習習慣是孩子學習和成長的保障。培養孩子自主學習能力，首先要讓孩子學會自律。美國心理科學學會曾經發表過一個專家調查研究報告《自律比智商更能預測孩子的學業表現》。報告指出，那些自律的孩子比智商高的孩子更容易在各種考試中取得理想的成績。但自律對於孩子來說好像非常難，在實際的學習生活中，孩子常常都管不住自己。到底要怎樣才能幫孩子培養自律的能力呢？這一章我想跟大家討論的就是，當孩子管不住自己時，家長可以做什麼，幫助孩子從他律走向自律。

家長太負責，孩子不自律

所謂自律，就是一個人在沒有人現場監督的情況下，依然能夠嚴格要求自己，主動、自覺地約束自己的行為，從而創造一種井然有序的方式，為自己的學習、生活爭取更大的自由。史考特．派克博士在《心靈地圖》一書中寫道：「自律是解決人生問題最主要的工具，也是消除人生痛苦最重要的方法。」自律讓我們在面對種種選擇時擁有更多的自由，在面對問題時擁有堅定不移的勇氣。然而，雖然大多數父母都希望自己的孩子能夠擁有自律的品格，但在實踐中，父母的一些行為卻適得其反——家長的過於負責導致了孩子的不自律。比如，前文提到的，很多父母很少讓孩子插手家庭事務，即使是一些孩子力所能及的事情也不讓他做。「你還小，這些事情不用管，等你長大自然就會了」、「你現在只要把課業弄好就萬事大吉了」這樣的話語並不陌生。

但是，事事被包辦不等於擁有強大的專注力。很多時候，孩子在生活上不能照顧自己，在學習這件事情上，同樣也不會積極主動。因為孩子無法理解為什麼打掃房間、收拾書包這些事情父母都可以代勞，而學習、練琴、做作業就需要自己親自做。所以，大家就會看到這樣的情景：只要父母不在身邊，孩子寫作業時就會轉而去玩耍或者發呆，因為孩子在等著父母來幫自己做。

不久前，一位媽媽還在跟我抱怨：「孩子別說自律了，他律都沒用。」從早上起床、吃飯，到晚上寫作業，沒有一件事孩子會主動去做。做父母的已經無微不至地貼身服務了，卻還總是被老師批評。因為老師在學校交代的事情，孩子從來不記，不是忘了作業，就是沒準備資料。

這位媽媽最大的苦惱就是孩子沒有責任心，意識不到什麼事情是自己應該做的。這種狀況看起來的確是孩子的問題，根源卻是媽媽太「勤快」，導致父母跟孩子之間失去了界限感，所以孩子無法認清自己的責任範圍。按時完成作業、準備各項資料等是孩子的責任而非家長的，對於家長來說，思考如何放手以及如何培養孩子的自律能力才是屬於自己的人生課題。

兩張清單，讓孩子從他律到自律

一直處於他律狀態下的孩子，很難區分自己的權利和義務，對應負的責任也無法形成明確的認知，又如何能夠從他律轉變為自律呢？家長要讓孩子變得自律，最重要的一點是培養孩子的責任感。

我女兒上小學的時候，曾經參與過一個體驗課程，就是連續三天帶一個生雞蛋到學校。在上學的路上、在學校裡，孩子們都需要保護這個雞蛋不被損壞。為了保護好這個雞蛋，孩子們一路上小心翼翼，竭盡所能地做好各種防護措施。這個生雞蛋，就是孩子們的「責任」。這個課程的目的就是讓孩子們體驗責任感。在家庭教育中，家長要讓孩子樹立責任感，首先就要幫他劃分界限，幫助他區分哪些事情是他必須負責的、哪些事情是他可以選擇的。

培養孩子的自律能力，我給家長提供一種方法，由「想做清單」和「責任清單」兩張清單構成。我們自主學習力家長課和訓練營中的許多家庭實踐表明，這兩張清單可以非常有效地提升孩子的責任意識和自律能力。

第一張清單：想做清單

我們首先要明確，「想做清單」不是父母想要孩子去做的事情，而是孩子出於自身意願特別想做的事情。也就是說，家長首先想到的諸如寫作業、練琴、九點前上床睡覺等事情，是我們希望孩子去做的，卻不一定是孩子想做清單上的內容。

當所有事情都是父母說了算的時候，孩子是沒有任何權利的。這種情況下，他的擔責能力會很差。當想做清單是孩子自主決定的事情時，他就會產生一種強烈的原動力，想要完成想做清單。在完成後，他能夠體會到承擔責任帶來的成就感和愉悅感。要培養孩子的責任心，家長應該幫助孩子合理調配想做清單，並且盡量增加這張清單的內容，讓孩子從每件他想要做好的事情上獲得成就感。

一位來找我做一對一諮詢的媽媽提到了養狗這件事。她說孩子特別想養一隻寵物狗，但她擔心本來就沒多少學習時間的孩子養狗後就更無心學習了。而且，如果孩子只是心血來潮，過了新鮮感又撒手不管了，到時候，養狗又成了自己的負擔。所以，這位媽媽一直沒有同意。

家長的顧慮不無道理，生活中這樣的例子比比皆是。孩子做事三分鐘熱度，後果卻要家長來承擔。在類似的事情上，我建議大家可以運用想做清單的方法，與孩子劃分責任範圍。以養狗為例，這位媽媽可以嘗試跟孩子提前約定養狗的各項事宜，即孩子在養狗上的想做清單。比如詢問孩子是否想要照顧小狗的一日三餐、每週給小狗洗一次澡、定時遛狗等。如果孩子發自內心地認同這些約定，媽媽就可以同意孩子養狗。在這個案例裡，孩子因為非常想養一隻小狗，所以很爽快地同意了與媽媽的約定，並且在後續過程中也嚴格按照想做清單照料小狗。小狗還意外成了孩子學習上的「神助攻」，每天早上媽媽只要在孩子耳邊輕聲說：「寶貝，你的小狗餓了，快起床給牠餵吃的。」孩子不用催，立刻穿好衣服起來了。傍晚放學後，媽媽的提醒也變成了「要趕緊寫完作業哦，小狗還等著一會兒跟你下樓散步呢」。

在照顧小狗這件事上，孩子實實在在地負起了責任。借助這件事，責任感不再是孩子腦海裡的抽象概念，它變得具體、可實施、有樂趣。對照想做清單做事時，孩子會得出一個直接的結論，即當他負責任地照顧小狗，小狗就能健康快樂地長大。並且他自己也能夠透過照顧小狗這件事收穫滿滿的成就感。於是，不需要外界的催促與強制，孩子自發自願地完成了約定事項。而媽媽也不必擔憂孩子隨時可能消失的新鮮感會讓事情變得難以處理，培養了孩子責任感的同時還能收穫他們的愛與信任。有效設定想做清單，可以讓事情的發展走向多方共贏。

關於想做清單的設定範圍和模式，這裡有一個模組供家長和孩子參考。

1	我想要買一盆好看的花（孩子的願望），並且負責為家裡陽台上的綠色植物澆水（家長可擴充內容）
2	我想要每週讀一本喜歡的課外書（孩子的願望），並且負責收拾整理好書櫃（家長可擴充內容）
3	我想要自己支配每週的零用錢（孩子的願望），並提前做好支出計畫（家長可擴充內容）
4	……

讓孩子自己決定他想要做的事，父母需要做的僅是在經過孩子同意後讓這張清單更完整，更有實施價值。透過這張想做清單，孩子會體驗到成就感（我可以自己做好某些事）和愉悅感（我做得很好，所以很開心）。

第二張清單：責任清單

在陪伴孩子的時候，只有極少數家長會問自己：在生活小事上，如何教育和引導孩子？現在這麼做，將會對孩子造成怎樣的影響？這會培養孩子怎樣的品格與能力？我們明明希望能夠培養孩子的責任心，卻以各種理由剝奪了孩子去做他力所能及之事的基本權利，比如「孩子還小」、「孩子作業多」。

作為父母，我們不但有責任把孩子培養成人，還要讓孩子認識到自己的權利、義務和責任，培養孩子勇於擔當、勇於負責的特質。除了思考「我要為孩子做些什麼」，父母更應該思考「孩子可以自己做些什麼」。孩子要擁有自己的想法，成長為獨立個體，這是他人生中的重要課題。所以，家長可以讓孩子自己製作一張「責任清單」。責任清單裡的事情，由孩子自主完成。當孩子確實有需要時，才能來求助父母，而且孩子在求助時需要說明以下幾點：

- 為什麼需要父母幫忙？
- 需要父母做哪些具體的事情？
- 自己能做到哪一步？

責任清單是與孩子自身相關，且孩子力所能及的事務，比如管理零用錢、整理房間、安排自己的學習時間等。它的作用是給孩子賦權，讓孩子學習自己做主。只有在自由和信任的前提下，孩子的自律能力才能一點點地培養起來。

下面是一個六到九歲孩子的自我責任清單，大家可以對照參考，並根據自己家裡的情況，進行調整補充。

1	在學校允許的範圍內，選擇自己的髮型
2	整理自己的學習區域
3	做與年齡相符的家務勞動
4	自己決定如何使用零用錢
5	自己完成每天的作業
6	上床睡覺前，自己整理好書包及用品
7	自己決定完成作業後的空餘時間做什麼
8	自己決定業餘時間上哪些才藝班
9	自己決定發展哪個體育項目
10	可以為自己做一些簡單的食物
11	為學校或班級組織的集體活動做貢獻，比如義賣自己做的餅乾、手工藝等
12	……

在運用責任清單的時候，家長需要注意以下五個方面：

1. **自然後果**：讓孩子學會為自己的決定承擔自然後果，但家長不能因這個「後果」而對孩子進行嘲諷、指責或威脅。

2. **自我責任**：不要把孩子的責任變成家長的責任。在讓孩子擁有自主權和自我責任感這件事上，父母應該做出榜樣。

3. **能力支持**：當孩子遇到困難時，不要說「我不管」，家長應該給予陪伴和適當的引導，但請注意不要成為主導。

4. **尊重**：尊重孩子，尊重自己，尊重他人和實際情況的需要。

5. **內在動力**：沒有原動力，所有規矩都是強迫。從孩子的內在動力出發，引導孩子獨立自主。

孩子能不能有責任心、能不能學會管理自己，其實也取決於父母的態度。當父母總是一股腦地代替孩子完成他有能力做好的事情時，孩子就會喪失自我管理的能力。而當父母放手讓孩子大膽去做時，孩子就會在這個過程中逐漸學會擔責和管理自己，並且體會到自己是有能力的。這種成就感會讓孩子慢慢地從他律走向自律。

本章重要工具

培養孩子責任感的兩張清單：

① 想做清單：透過孩子想做的事情培養孩子的責任心

② 責任清單：即放手清單，給孩子賦權，讓孩子學會自主，自主的孩子才能學會自律

使用場景：父母要讓孩子由他律變得自律，就要改變為孩子包辦學習、生活的習慣，讓孩子學著自主管理學習時間、自己整理房間等。

注意：在運用責任清單的時候，家長需要注意五個方面：自然後果、自我責任、能力支持、尊重、內在動力。不要把孩子的責任變成家長的責任。要尊重孩子做出的選擇，記住，孩子就是在不斷犯錯中學會自主的，不要在孩子犯錯誤的時候就收回給孩子的自主權。

能讓孩子學到什麼：讓孩子透過自己安排學習時間，學會做自己力所能及的事情，並且逐漸學會自律，學會承擔自己應盡的責任。

本章小練習

讓孩子學會安排自己的週末

週末的時間，孩子如何度過？如何才能做到既能夠完成作業，又能夠有時間娛樂，還能夠整理好自己的房間，甚至還有時間上才藝班？幫助孩子列出想做清單和責任清單，培養孩子的自理和自律能力。讓孩子學會運用想做清單和責任清單，恰當地管理自己的時間，安排好自己的週末，既能夠完成學習任務，又能夠玩得愉快，還能夠培養自己的興趣。

序號	想做清單	是否完成

序號	責任清單	是否完成

13 專注

化「被動注意」為「主動注意」

你是否留意過，孩子在做功課時，如果客廳裡傳來電視的聲音，或者父母在房間外交談，又或者弟弟妹妹在一旁玩耍，孩子的注意力很快會被這些外界事物吸引，無法投入學習。很多孩子都存在這個問題。無論他們原本在做什麼，他們的注意力都能被眼前的學習用品、外面的狗叫聲、車喇叭聲，甚至他頭腦中一些莫名其妙的想法分散掉，使學習效率大大降低。這就是我們常說的缺乏專注力。能否保持專注是孩子學習和做事能否成功的關鍵，對孩子的一生至關重要。

主動注意決定學習成敗

人的注意分為兩種：主動注意和被動注意。主動注意又稱有意注意，是一種有預定目的，需要做一定意志努力的注意，受到人的意識的自動自覺的調節和支配；而被動注意是自然發生的，沒有自覺目的，也不需要任何努力的注意，與主動注意正好相反。注意力則是指人的感知、記憶、思維、想像等心理活動持續指向和集中於某一事物或對象的能力。指向性和集中性是注意力的兩個基本特徵。

舉個例子，孩子正在認真計算一道數學題，他的注意力就在數學題上，而不是在屋子裡的玩具或者窗外喧囂的噪音上，這就是指向性。而集中性是指，孩子的注意力會保持在這道數學題上，並深入下去，直到他解出這道題目。在這個過程中，與數學題無關的事物影響不了他，他沉浸其中。如果這個時候父母喊他做別的事情，他會聽不見；屋子裡有新買的玩具，他也想不起來。

很多父母說，孩子看書、學習、寫作業時注意力不集中，但是看動畫片時非常專注，能坐在那裡專心致志地看幾個小時。事實上，孩子看動畫片時能坐得住，並不是因為注意力集中。動畫片色彩鮮豔，音效強烈，人物造型誇張，因而特別能引起視、聽、動覺多種感官刺激。孩子的感官受到強烈聲光的持續刺激，他的注意力自然會被吸引過去，這屬於被動注意，並不需要孩子自己付出努力去關注。

需要強調的是，如果在孩子小的時候被動注意被過度開發，那麼勢必會在時間和大腦資源上與主動注意能力的發育形成爭奪，從而影響主動注意力的發展。一個典型的現象就是，電子螢幕長期占據孩子的空餘時間會導致孩子的主動注意力下降。持續的高頻聲光刺激拉高了孩子的感知閾值，孩子一旦習慣了電子螢幕的流動畫面，到了幼兒園或者小學階段，就很難進入安靜低頻的上課狀態，這也是部分孩子對學習提不起興趣的原因之一。為了讓孩子能更好地進入學習狀態，我們需要讓孩子擁有更高主動注意的能力。相對於被動注意，主動注意是決定學習成敗的一種非常關鍵的能力，它需要孩子付出意志，自覺、有目的地控制自己的注意力，從而做到不被外界所擾，專注於一件事。

孩子的主動注意能力會隨著年齡的增長逐步提升。一個剛出生不久的嬰兒，他的注意力會因為訊息刺激的強弱而起伏，強度越大，越容易引起他的被動注意。伴隨著身心的發育，寶寶的主動注意能力開始不斷發展。三個月的寶寶能短暫地集中注意力看身邊人的臉，聽身邊的聲音；幼兒園大班的孩子（五到六歲）能集中注意力十五分鐘；小學一年級到三年級的孩子大概能集中注意力二十分鐘；四年級到五年級的孩子能集中二十五分鐘；國中生能集中三十到四十分鐘。也就是說，隨著孩子的大腦發育逐漸完善，神經系統的興奮和抑制過程會日益平衡，自制力會逐漸提高。只要教養得當，大多數孩子都能做到注意力集中。

✔專注力四步養成法

那麼，為什麼有的孩子到了一定年齡，注意力卻遠沒有達到平均水準呢？主要原因有兩點：一是家庭教育及環境因素；二是病理因素，如過動症。當然，只有極少數孩子可能存在病理因素導致的注意力障礙（ADD），在我國，學齡兒童患這種病的比例僅為3％～7％。這一類孩子需要專業醫生透過正確的方法和手段進行干預訓練和治療，但對於其他孩子來說，頻繁地、不自覺地走神，好動等注意力問題，主要都是家庭教育及環境因素導致的。因此，我們可以透過改善家庭教育方式以及創造良好的成長環境等方式，提高孩子的注意力水準。具體來說，我們可以從以下四個步驟入手：

第一步：避免做那些破壞孩子注意力的事情

大家仔細地回想一下，在孩子全身心投入地做一件事情時，你是否曾有意或無意地打斷過他們呢？

有個學員媽媽，想要培養女兒的生活自理能力，她提出讓女兒做些力所能及的家務，但又擔心孩子記不住事情，於是在女兒專心做事時，她不停地打斷、叮囑孩子：「如果妳不知道，可以問媽媽」、「妳需要媽媽幫助嗎？」、「這樣不可以，妳應該換一隻手拿」……雖然是好意，可孩子會覺得家長不信任自己，從而變得失去耐心，同時還養成了一件事情要聽很多遍才能記住的壞習慣。當孩子把這個習慣帶入學習中時，就會出現上課分心、注意力不集中等問題。生活中，當孩子在專心玩玩具、畫畫或者閱讀時，家長的各種提醒、打斷，都會破壞孩子的注意力。

當我們希望孩子完成某件事時，可以把自己對孩子的要求一次表達清楚，比如「寶貝，媽媽現在需要你的幫助。麻煩你幫媽媽從左邊第一個櫥櫃裡拿一個盤子」。準確清晰地表達你的訴求，而不是重複每一個細節。接下來，家長就要盡量避免打擾孩子，除非孩子主動求助。即使孩子的某些行為可能不太正確或不夠高效，也不要在孩子專注做事的時候隨意打擾他。家長可以將這些問題默默記下來，在孩子完成工作後，坐下來和孩子一起總結，提醒他哪些地方還可以繼續改進，做得更好。另外，家長要引導孩子形成一種意識，即無論做什麼，盡量每次只做一件事。人的精力都是有限的，如果一個人把精力分散到很多事情上面，就會嚴重地消耗自己的注意力。

第二步：及時清除周圍讓孩子分心的事物

培養孩子的專注力時，家長不僅要做到自己不去打擾孩子，還應當幫助孩子規避干擾因素，畢竟孩子的自控力在一些誘惑面前還是有限的。

有一次，我們去一個家庭做親子教育節目，當時，孩子正在寫作業，但是他一邊寫作業，一邊玩書桌上的玩具，心思根本不能集中在學習上。這時候，媽媽過去搶走了孩子的玩具，並且很生氣地責備了他。媽媽告訴我們，孩子平時寫作業經常這樣，注意力非常不集中。要解決這個問題，有兩種方式：一種是像這位媽媽這樣及時制止，但這樣下次再犯的機率很高。因為行為雖然被制止了，但產生這個行為的原因沒有被處理；另一種方式是，媽媽可以跟孩子約定，書桌上不放跟學習無關的物品。當孩子要看書、寫作業時，媽媽可以微笑著示意孩子把這些東西拿開後再學習。

家長要確保孩子的學習環境不受到其他事物的干擾，而且也要保證自己不成為孩子專注做事的干擾源。在孩子玩玩具時，家長盡量將手機調成靜音模式；在孩子做作業時，也記得不要外放音樂。讓孩子在某一段時間內專注做一件事情，有始有終。這正是我們作為家長需要給予孩子的幫助，不要任由那些更具吸引力的事物分散孩子的注意力，影響孩子的學習效率。

第三步：與孩子進行有趣的競技活動

在需要精神高度集中的競技活動中，孩子的注意力持續水準會得到很大的提高。家長可以透過與孩子一起玩有趣的競技遊戲，鍛鍊孩子自身的敏捷度，並且提升孩子做事的專注度。這裡向大家推薦兩個高效、有趣又便於操作的小遊戲：

1. **舒爾特表格**。這是一個非常科學有效

2	24	12	15	3
10	6	1	4	19
21	8	13	20	5
7	11	14	25	17
16	9	18	22	23

圖 3-1

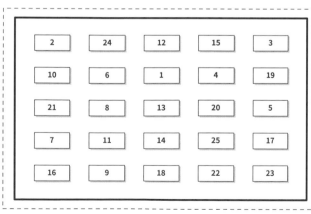

的專注力訓練法。訓練的方法是，在一張白紙上，畫上5×5的長方形表格。將1～25的數字打亂，讓孩子按照從小到大的順序依次指出數字，並統計使用的時間。

舒爾特表格專注力訓練步驟：

（1）眼睛距表格三十到三十五公分，視點自然放在表的中心；

（2）在所有字符全部清晰入目的前提下，按順序（1～9；A～I；若用國字，應先熟悉原文順序）找全所有字符，注意不要顧此失彼，因找某一個字符而對其他字符視而不見；

（3）每看完一個表，讓眼睛稍作休息，或閉目，或做護眼操，不要過分疲勞。

舒爾特表格的變化調整：這個表格可以根據孩子的年齡，適當調整難度。如果一開始覺得困難，可以先做3×3、4×4的表格，後面再增加難度，玩5×5、6×6的表格，以此類推，難度可以遞增。鼓勵家長與孩子一起玩競技遊戲，或幾個孩子之間進行競技式練習，以增強訓練的趣味性和目的性。

2.「你說我做」遊戲。基礎版玩法：聽口令遊戲，一個人發出指令，另一個人聽從指令做出相應動作。父母可以盡量把方位、方向都用到，比如「向左轉」、「抬右腿」等。升級版玩法：反口令遊戲，一個人發出指令，另一個人按相反的口令來做出動作。比如父母說「舉起右手」，孩子就把他的左手舉起來；父母說「站起來」，孩子就要蹲下。

大人和孩子可以輪流發出指令，輪流來做動作。這個遊戲也可以用來訓練孩子的專注力和反應敏捷度。一次遊戲時間三到十分鐘，做對了，父母可以陪著孩子一起歡呼；做錯了，父母可以跟著孩子一起惋惜感嘆。最重要的是不指責，讓孩子把練習當成遊戲，有「每次還沒玩夠就結束了」的想法。孩子能對這個遊戲保持興趣，專注力提升也會更快。

第四步：鼓勵孩子，建立屬於孩子的「專注力銀行」

有一個有趣的現象：當我們強調缺點，缺點就會被強化。面對孩子注意力分散的問題，我們不要給孩子太大的心理負擔。家長可以給孩子建立一個「專注力銀行」，引導孩子回憶自己曾經專心做過的事，然後逐條列出。例如：

1. 我可以持續畫出十種不同表情的人物臉譜，中間不間斷
2. 我可以認真地寫完1～20的阿拉伯數字，中間不出錯
3. 我可以專心地觀察小螞蟻搬家
4. 我每天做完作業後，都能自己認真地檢查一遍
5. 我能每天持續練一頁字

6. 我可以專注地完成一個樂高作品

讓孩子將專心做過之事的清單內容認真地寫在一個小本子上，作為孩子專注力的「存摺」，儲存在專注力銀行中。每週讓孩子查看自己的專注力是否有所增加。這樣有助於激勵孩子提高注意力。在翻閱過程中，孩子可以對自己注意力的累積和提升有具象的感知，對掌控自己主動注意的能力更有信心。這樣做也有利於培養孩子的成長型思維。

父母不用為孩子注意力分散而過分焦慮，這只是他們成長過程中一個小小的波折，家長和孩子可以透過共同努力改變這個現象，在一個個趣味小練習中提升專注力。以上這四步法，任何一步都可以獨立完成。持續練習它們，會對孩子注意力的提升非常有幫助。

本章重要工具

專注力四步養成法：

① 避免做那些破壞孩子注意力的事情

② 及時清除周圍讓孩子分心的事物

③ 與孩子進行有趣的競技活動

④ 鼓勵孩子，建立屬於孩子的「專注力銀行」

使用場景：如果孩子平時學習、閱讀時的專注力不夠，父母可以對應觀察一下，看看孩子的專注力究竟是什麼地方出了問題。然後對應使用專注力四步養成法來排除他人和環境對孩子專注力的影響，培養孩子的專注力。

注意：孩子注意力分散，父母不要過於焦慮，因為這是可以改變的現象。父母要多鼓勵孩子、激勵孩子，一次只做一件事，盡量排除外界的干擾。

能讓孩子學到什麼：讓孩子學會培養自己的專注力，不被外面的事物干擾和分心，形成成長型思維。

本章小練習

建立孩子的專注力銀行

跟孩子一起列出他曾經專注做過的事情，建立他的專注力銀行。

專注力存摺

	所做的事情	專注力等級（1～5星）	專注力提升方法
1		★★★★	
2		★★★★★	
3		★★★	
4		★	
5		★★	

14 高效
看到孩子拖延背後的原因

中國兒童中心主編的《兒童藍皮書：中國兒童發展報告（2019）》顯示，在三到十五歲兒童平均校外生活時間分配中，花費時間最多的類別是做作業（包括學校作業、補習班作業、家長出的作業、其他作業），用時八七．八五分鐘（近一個半小時）。該報告發布後便引起廣泛關注，除對作業多、負擔重的討論外，很多家長也反映，實際上孩子們都存在一個共同的問題——寫作業拖延。孩子寫作業拖延幾乎已成為大部分家長的「心病」之一。本章我們就一起來看看，孩子寫作業拖延到底是什麼原因導致的，以及可以怎樣解決。

孩子拖延背後的原因

孩子寫作業拖延的問題，幾乎每天都在這些家庭的生活中上演。在訪談過近萬名家長、剖析過數千份案例後，我們發現，孩子寫作業拖延主要有以下四個原因：

兒童注意力穩定持續的時間不長

孩子學習時似乎總有忙不完的小動作，沒進入學習狀態。如前文所述，兒童注意力穩定持續的時間有限。隨著年齡的增加，注意力持續的時間也會增長，但平均而言，孩子要到十二歲，才能保持專注達三十分鐘，而孩子一次性完成各科作業，通常需要一到兩個小時，所以孩子常常會出現做十幾分鐘作業後就會被別的東西吸引的狀況。

針對這種情況，我們要給予孩子充分的理解，尊重孩子的身心發展特徵。相信隨著孩子的成長，他的專注力會逐漸提高，寫作業拖延問題也會迎刃而解。

孩子基礎弱，學習困難

很多孩子在學習中容易發生「一聽全會，一做全廢」的現象，老師講課時感覺都懂，可一看到題目就發呆，知識掌握不夠，作業根本不會做。家長苦口婆心地催促了半天，不僅作業沒有絲毫進展，孩子的感覺還會越加糟糕。學習基礎薄弱導致孩子享受不到征服作業的成就感和樂趣，完成功課變成了每日的頭痛事項。

如果孩子屬於這一類型，那麼家長就不要將焦點放在拖延症上了，而是應當重點解決孩子的學習問題，思考該如何輔導孩子，幫助他加強學習內容，提升知識應用的能力，讓完成作業不再是一件難事。

孩子條理性差，沒有學會安排和管理時間

如果把人的大腦想像成一個櫃子，那些思維混亂、缺乏條理性的孩子在處理事情時，就會將所有東西亂放一通，或者乾脆堆在一處不加分類。孩子缺乏時間規劃的能力，就不能合理地安排學習順序，往往是一會兒寫幾道國語題目，一會兒又跑去做數學題，沒有一個明確的計畫，本來一個小時就能寫完的作業，往往要花兩個小時甚至更多的時間。

面對這類孩子，首先要讓他們了解所做事情的流程以及可能花費的時間，讓孩子形成一個關於條理和計畫的概念，然後再討論後續的具體規劃。

親子關係出問題，孩子因叛逆心理故意拖延

有些父母抱著「不打不成器」、「棍棒之下出孝子」的古訓，將打罵當作教育的法寶；有些父母不理解孩子的心理，又無法空出時間和精力與孩子好好溝通；有些父母只看重孩子的學習成績，一開口就是「你這次考試排名第幾？是進步了還是後退了？」……孩子和父母話不投機，無法融洽交流。孩子不敢反抗，只能透過寫作業拖延向父母表達抗議。與前面的客觀原因不同，孩子出於叛逆心理的故意拖延是一種主觀選擇，這就更加需要父母的關注和溝通。

這種情形下，父母要多從自身找問題，看到親子關係中存在的裂縫，盡快彌補，

不要讓它影響到孩子未來的發展。

治療拖延三步法

針對導致孩子寫作業拖拖拉拉的四種原因，我們可以實施「治療拖延三步法」：

第一步：解碼孩子學習拖延的根本原因和有效的解決方法（利用前面講過的「錯誤行為目的表」）

第二步：有效支持（支持而不是代勞）

第三步：日常慣例表（跟孩子一起製作，讓日常慣例表代替說教和責備）

下面，我們透過三個案例詳細分析上述步驟如何完成。

案例一：親子關係緊張導致孩子寫作業拖拖拉拉

如果孩子做其他事情都很快，唯獨寫作業拖拖拉拉，很有可能是親子關係出了問題。我家鄰居有一對夫妻都是名校畢業的學霸，他們的孩子各方面習慣都培養得很好。孩子每天都能非常順利地完成作業，而且還能額外完成媽媽給的其他學習任務。可是一個多月前，媽媽發現孩子晚上寫作業不再讓她省心了，經常快到睡覺時間了，還有很多作業沒寫，更不要說超額完成任務了。父母心裡很焦急，一直催促，然而孩子卻跟他們頂嘴：「成績好有什麼用？人生難道就只有考大學一個選擇嗎？我就不想寫作業，你們管我！」

在這個案例中，父母和孩子分別存在什麼問題呢？首先，拿出「錯誤行為目的表」。這位媽媽從表格第二列找到了自己的感受：「被激怒」、「被擊敗」。以此為線索，她從表格中找到了孩子行為背後的原因，原來孩子是想用這種方式尋求權利，告訴媽媽「我不想做，妳強迫不了我」。

孩子為什麼不想寫作業呢？透過跟孩子交談，媽媽才知道，孩子希望完成作業後，自己可以有自由時間放鬆一下。但是每次孩子越快完成作業，媽媽就會給越多的額外任務讓他完成。孩子不知道該如何表達自己的想法，所以只能拖延時間，晚點完成作業。

在明白了孩子行為背後的目的後，家長可以跟孩子一起制訂新的時間規劃。如果孩子能夠高效地完成作業，並額外多做一份媽媽出的試題，那麼睡覺前的那段時間，可以交給孩子自由支配。當孩子的需求被滿足後，他的問題行為也就會隨之消失了。

案例二：孩子基礎薄弱，導致寫作業拖拖拉拉

在一次家庭教育講座上，有個媽媽給我的印象很深，她說他們家孩子每次寫作

業，都是全家總動員，爸爸幫著寫數學，媽媽幫著寫國語，孩子自己寫英文。我問她：「為什麼不讓孩子自己完成呢？」這個媽媽回答道：「沒辦法呀，我家孩子寫作業拖拖拉拉，寫到第二天也完成不了。要完成作業，就得犧牲睡眠、犧牲健康，我們也是苦惱得不得了。」

很多家長可能都會像那位媽媽一樣，為了照顧孩子的睡眠時間，也為了避免孩子在學校裡被老師批評，而選擇幫孩子完成作業。但很顯然，家長的這種支援只是一種自欺欺人的方式，對孩子的學習來說完全無效。想要讓孩子在睡眠充足的前提下完成作業，家長首先需要確認的問題是「怎樣做才是給予孩子最有效的支持」。有效支持最關鍵的一點就是心態。家長群組裡有個關於成語「遠交近攻」的趣說——家長陪孩子寫作業時，如果距離遠，還可以簡單交流；如果靠得近，就會忍不住攻擊孩子。家長在輔導孩子作業時，保持良好心態，給孩子有效支持，的確不是一件容易的事情。因此，要學會有效地支持孩子，我建議家長在陪伴孩子寫作業時，做到以下三點：

第一，記得初衷。家長的陪伴是為了幫助孩子解決學習上的困難，讓他建立對學習的信心，保護他的學習興趣，而不僅僅追求完成作業。在講解題目時，如果這個解釋行不通，就換個角度；如果這個難度孩子理解不了，就降低一點難度看看。當孩子總是「不開竅」時，家長不妨想想自己在處理工作不得要領時的心態，或許就能代入理解孩子的感受了。

第二，冷處理。如果一道題目講了三遍，孩子還不明白，家長可以先停下來。因為在這種情況下，家長可能會出現煩躁的情緒，孩子也會處於緊張的狀態中。緊張和害怕會讓孩子陷入封閉，他的所有身心反應都會用來防禦自己假想的危險，根本就沒有餘力來思考眼前的題目。有些孩子一旦處於緊張狀態，就會完全放空，「理智腦」全盤下線。這時講解題目，孩子根本不能吸收領會。

第三，目標拆分，及時鼓勵，幫助孩子建立信心。做一道大題目，如果孩子沒辦法把全部步驟做對，那就耐心地帶著孩子一步步地來，只要孩子做對一小步，就給予孩子及時的鼓勵，幫助孩子建立信心。

許多案例表明，當孩子得到來自父母的有效支持時，他就能夠蓄積力量，逐步攻克難關，改變寫作業拖延的情況。

案例三：孩子不會管理時間導致學習低效

「孩子每天寫作業都像隻無頭蒼蠅，一會兒拿數學書，一會兒翻國語，沒寫完一張試卷又惦記另外一張，寫著寫著又苦著臉，說作業太多了，感覺自己怎麼也寫不完……」遇到這種情況，我給大家推薦一個很實用的方法，叫作日常慣例表。

我女兒從進小學開始，就一直自己製作日常慣例表。她自己會安排寫作業、練書法、畫畫、學英文和西班牙語、閱讀等各種事項。這張日常慣例表不僅讓她每天能夠高效地完成自己的規劃，還讓她感覺到對自己的事情很有自主權。當然，她並不是一開始就能夠自己製作日常慣例表的，而是在我們的引導下慢慢地摸索，最終才逐漸完成這個複雜任務的。我輔導女兒制訂日常慣例表的流程一般是這樣的：

媽媽：寶貝，從放學後到睡覺前，這一段時間怎麼安排，你願意跟媽媽一起來討論嗎？媽媽想聽一下你的安排。

孩子：好啊。

媽媽：（用掛紙畫出一張表格）你五點半能到家，晚上我們九點睡覺，在睡覺前，我們都有哪些事情要完成呢？你告訴媽媽，媽媽幫你記錄下來。

孩子：吃飯，寫家庭作業，去樓下跟豆豆他們玩直排輪，還有刷牙、洗臉、睡覺……

媽媽：家庭作業有國語和數學兩項對不對？

孩子：是的。

媽媽：好像還忘記了練琴。

孩子：是的，差點忘記練琴了。

……

首先，父母把每件要做的事情寫到慣例表上後，問孩子「第一件要做什麼，然後再做什麼」，直到把所有事項都按主次順序編號排好，並寫上對應的時間點；

日常行為慣例表

早上安排	7：10 起床穿衣		中午安排	12：30 前 吃完午飯		晚上安排	20：00 前 完成作業及 課外拓展練習 （書法、英文 口語）	
	洗臉、刷牙			練習口算 1 頁			按照課表 收拾書包 （課本、文具）	
	吃早餐			13：00 午休			洗澡	
	7：45 出門上學			13：45 出門上學			閱讀 （每天堅持一 個故事、一本 英文繪本）	
							21：30 上床睡覺	

圖 3-2

然後，再問孩子是否願意根據每件事畫一幅畫，或者在他做每件事情的時候給他拍張照片，然後將這些畫或者照片貼在慣例表上；最後，把慣例表貼在家裡醒目的地方。

為了確保計畫契合實際，我們的日常慣例表要綜合考慮很多因素：

1.**讓孩子主導計畫**。孩子要參與計畫的制訂，家長要傾聽並尊重孩子的意見。當孩子能夠主動表達自己的想法時，就沒有必要透過拖延來向家長表示抗爭。

2.**腦力激盪**。跟孩子一起腦力激盪，列出在睡覺之前要完成的事情，做好從放學之後到睡覺之前的時間規劃。

3.**留下紀念**。拍下孩子做事時的照片，或者畫出來（年紀大一些的孩子可以自己來畫）。

4.**及時提醒**。對於孩子平時的學習生活，讓孩子按照日常慣例表的安排去做。家長平時只需及時地提醒孩子「你的日常慣例的下一項是什麼」。

5.**儀式感**。不要加入獎勵，因為獎勵會帶走成就感。但是可以給孩子一些儀式感，比如持續一定時間後，可以做一些事情為孩子慶祝。

6.**時間管理**。學習與娛樂均衡搭配，將娛樂、學習、生活統一進行時間分配，別讓日常慣例表變成學習計畫表。

讓孩子參與計畫的制訂，這一點特別重要，因為相比家長的硬性安排，孩子更願意遵守自己提出的計畫。慣例表做好以後，並不是一勞永逸的，而是要留一段時間緩衝和調整，讓孩子逐漸適應慣例表的安排，或者調整表格使其符合孩子的作息習慣。比如雖然規定早上六點半起床，但有時候會發現，孩子沒有睡飽，根本起不來，或者孩子起來了但感覺不舒服。又或者計畫晚上七點開始寫作業，但孩子每日的動畫片播放時間在晚上六點五十分，讓孩子看一半突然關掉電視機，孩子心裡不情願，也不可能快速進入學習狀態……當慣例表在執行的過程中出現類似情況時，家長可以和孩子一起重新討論調整慣例表，靈活更新規劃。

這三個案例分別向大家介紹了錯誤行為目的表、有效支持、日常慣例表的實際操作。利用這三個方法讓孩子告別拖延，這不僅僅是我的經驗總結，在實踐中它對於大多數家庭也行之有效。高效做事其實沒有那麼難，從下定決心改變拖延開始，一點點提升行為能力，一段時間後，你會發現孩子的表現與原來已大不相同。

本章重要工具

治療拖延三步法：

① 錯誤行為目的表：透過兩條線索解碼孩子學習拖延的根本原因以及有效的解決方法

② 有效支持：支持而不是代勞

③ 日常慣例表：跟孩子一起製作，讓日常慣例表代替嘮叨和責備

使用場景：孩子寫作業拖拖拉拉，喜歡玩小動作。做作業沒有條理，一會兒看看國語，一會兒看看數學，什麼都寫不下去。運用治療拖延三步法，搞定孩子的拖拖拉拉和拖延問題。

注意：孩子寫作業拖拖拉拉的背後有四個原因，要具體問題具體分析。要靈活運用錯誤行為目的表，透過兩條線索解碼孩子學習拖延的根本原因以及有效的解決方法，並且要建立良好的親子關係，避免孩子為了對抗而故意拖延。

能讓孩子學到什麼：在家長的指導下，讓孩子自己製作日常慣例表，學

會管理安排好自己的時間，杜絕拖延和拖拖拉拉。

本章小練習

讓孩子學會自己製作日常慣例表

在家長的指引下，讓孩子自己製作自己的日常慣例表。讓他學會自己安排自己每天的作業、書法、繪畫、英文、籃球、閱讀、動畫片、整理書包、整理玩具、整理房間等事項。制訂日常慣例，孩子是主導，家長做助攻，家長要尊重孩子的意見。日常慣例表製作完成後，要有一個緩衝和調整期，可以讓孩子根據自己的作息習慣和事情變化來調整日常慣例表。當孩子忽視了日常慣例表的進度時，家長可以及時提醒，但是要注意方式。當孩子能夠持續一段時間完成日常慣例表上的內容時，可以安排一些事情作為慶祝，增強孩子的儀式感。切記不要加入獎勵，否則會帶走孩子的成就感。

15 獨立

幫助孩子自己解決問題

「你要是不……我就不管你了！」我想很多人即使在長大之後依舊對這句話有心理陰影。這是家長的一句招牌用語，也是家庭風暴來臨之前的最後預警。然而說出這句話之後，父母是不是真的可以做到放手不管了呢？其實不會的。這句話更多時候意味著一種示威，父母是在用這句話綁架孩子的行為，傳達「你應該聽我的」、「沒有我，你什麼事都做不好」的信號。可能一些父母會認為這是過度解讀，這句話的背後意義明明是「我能不管嗎？這是我的孩子，我都是為了他好」。可在孩子聽來，也許事情並非如此。

家長的三種典型錯誤

調查表明：91％的家長有過陪孩子寫作業的經歷，其中76％（每四個家庭裡就有三個）曾因寫作業發生過親子衝突。為什麼輔導孩子寫作業會演變成家庭衝突的導火線呢？當我們覺得陪孩子寫作業是一件「要命」的事情時，很有可能是我們的教育方式出了問題。我分析了大多數陪寫作業的家長，大致可以分為以下三種類型：

第一種，包辦代替型。這種家長在孩子小學階段尤為常見。孩子遇到不會做的題目，家長為了節省時間，讓孩子早點休息，於是直接把答案告訴孩子，或者替孩子檢查作業，甚至心疼孩子，乾脆替孩子做一部分作業。家長的這種做法使得孩子完全喪失了獨立思考的機會，並且對家長形成依賴，完全無法真正地掌握所學知識。

第二種，指手畫腳型。這類父母對孩子是高控制的，在孩子寫作業時，他們喜歡在一旁指點江山。哪怕是寫錯一個字，家長也會立刻指出來；小小地動一下身體，家長也要提醒孩子不要走神。家長總是在孩子寫作業時指手畫腳，會打斷孩子的學習思路，致使孩子學習效率低下；再者，家長的強勢態度，也容易讓孩子失去主見。孩子因為害怕出錯，為了避免被家長責備，於是完全聽從家長的指令。

第三種，過度監管型。絕大多數陪寫作業的家長都存在這種情況。孩子寫作業時，家長會全程在旁邊視察，擔心孩子不夠認真，或者不放心孩子自己寫作業。這種長時間的沒有喘息的陪伴，往往會讓孩子產生被監視的感覺，心理壓力過大，注意力反而無法集中。久而久之，孩子缺乏保持自覺的意識，只要沒有人在旁邊督促，孩子就會偷懶，缺乏寫作業的主動性和自覺性。

包辦代替讓孩子失去獨立機會

目前很多家庭存在一種教育謬誤，父母越是疼愛孩子，就越是喜歡打著「愛你」、「希望你少走彎路」的旗號，操控著孩子的一切，似乎只有這樣才能證明身為父母的正確性。這聽上去是多麼荒唐又可悲的教育方式啊！在這種嚴密監控下成長的孩子，怎麼可能有獨立自主的意識和能力呢？

在我們前文中提到的類似事件中，父母陪寫作業的方式就是完全接手孩子的事情，不再讓孩子自主決定寫作業的時間順序和流程。「拿走」是一個非常簡單的動作，當媽媽把作業拿走時，她也把原本屬於孩子的責任全部轉移了，孩子因此失去了成長的機會。他們開始習慣於聽從命令，必須依靠父母的指令才能完成作業。更有甚者，為了反抗父母沒有節制的約束，會故意與父母作對，從而逐漸形成了叛逆心理。

我們不建議父母全權包辦孩子的作業，並不代表父母就應該完全放手不管。學會在每一個關鍵時刻發揮作用是父母培養孩子獨立性的第一步，這種關鍵時刻包括孩子遇到困難時、想要半途而廢時、感覺無助脆弱時、情緒沮喪時等。這個時候，孩子需要父母的鼓勵、支持和幫助。父母及時出手，引導孩子解決問題，而不是代替孩子衝鋒陷陣。然而，大部分父母很難做到真正信任孩子，就像我們常常嘴上說著「自己不管了」，心裡卻認為如果自己不管，孩子就會做不好。蒙特梭利在《童年的秘密》裡講到，當一個成人看到一個兒童端著一杯水時，他就開始害怕這個杯子被打碎。他會從孩子手裡拿過那個杯子……在那一刻，他會認為一個杯子比孩子的活動更有價值，並且力圖防止它被摔碎……這個成人，他能高興地為孩子做任何犧牲，卻將自己的精力浪費在保護一個微不足道的杯子上。

在訓練孩子獨立解決問題的過程中，你一定也做過從孩子手裡拿走杯子這樣的事情。你全心全意地愛孩子，卻無時無刻不在輕視孩子、不信任孩子。

積極信任，激發孩子的獨立能力

在年輕一代的父母中，有一些已經開始注重培養孩子的獨立能力，拒絕用一套標準限定孩子的發展方向，敢於放手讓孩子獨立探索世界了。但總體來說，父母對於孩子獨立性的培養還處在探索階段，社會的傳統觀一個基本的特點就是輕視兒童的獨立人格。兒童歷來被看作成年人（特別是家長）的私有財產。但正如費孝通先生所指出的：「在生物上親子總是兩個獨立的個體，兩個個體中的鴻溝在客觀世界中是永遠不能填補的。」培養孩子獨立承擔和解決問題的能力，需要家長和老師創造一個供孩子獨立做事、獨立思考的環境，在不了解孩子的行為動機之前，不要粗暴地干涉、制止孩子的行為。當然，一個最重要也是最有效的方法就是「信任」。信任對孩子來說非常重要，被父母全身心信任著的孩子會更加自主自信，願意與他人合作，他的能量不會被消耗在跟父母爭取更多的權利上。對家長而言也是一樣，能量不用被消耗在跟孩子的各種對抗上時，養育孩子自然就變得輕鬆很多。

一位媽媽找我諮詢時講述了她的經歷。她的兒子性格比較好動，即使寫作業，也一刻都不能安靜下來。為了讓兒子學會安靜，媽媽採取了強制措施。這位媽媽讓兒子練習坐姿，只要坐不住，就會罰他在一定時間裡坐在板凳上不許動，如果動了就重新來。而且媽媽會在兒子寫作業時監督他，防止他分心走神耽誤學習。

很明顯，在陪伴孩子寫作業的過程中，媽媽扮演的不是慈母形象，而是一個極為苛刻的監工角色。她無法接受孩子不按標準行事，孩子哪怕只是動一動，都要受到懲罰。媽媽越是對孩子不滿，就插手越多，孩子也就表現得越抗拒。媽媽覺得孩子不懂事，故意做不好，自己的事情不能承擔責任，而孩子想的是「只要我寫作業妳就挑毛病，那如果我不寫，妳就挑不出毛病了」。這就成了一個惡性循環，將家長和孩子彼此困住。

面對這個問題，媽媽要透過和孩子建立信任激發孩子獨立做作業的能力。我讓這位媽媽把孩子送到我家來寫一次作業。來的時候，孩子很排斥，但是一個晚上過去，他就跟媽媽說他明天還想來這裡寫作業。我問他原因是什麼，他悄悄地跟我說：「因為妳不罵我，我不用一邊寫作業一邊擔心會被媽媽批評。」半個月後，這個孩子寫作業開始變得積極了，考試成績也有了明顯的提升。

除此之外，根據觀察，我發現這個孩子的身體語言非常豐富。他準備聽寫生字的時候，會擺出各種姿勢來幫助自己記憶。比如記憶「身體」的「身」時，他會靠著牆，站得很直，把手往前伸，把腳斜踢出來。原來孩子是肢體語言記憶型，讓他一直在一個地方一動不動地學習，那簡直是強人所難。於是我跟孩子媽媽溝通，讓她接受每個孩子都是不一樣的，我們要試著接納孩子，不要給孩子額外的壓力，讓他按照他自己習慣和熟悉的方式來加強和複習課堂上所學的內容。當媽媽放下自己的要求和標準，讓孩子按照他自己的學習方式記憶生字時，孩子只用了不到五分鐘，就將一節課的生字全部默寫出來了。這在以前是他一個小時也無法完成的事情。

由此可見，家長在培養孩子獨立解決問題的能力時，需要給予孩子更多的信任。家長在表示信任時，要注意以下幾個重點：

表達信任

不要對孩子說教，或為孩子代辦事情，而是對孩子說「我相信你能解決」。

家長首先要樹立一個觀點，寫作業是孩子自己的事情。家長要做的是相信孩子，相信孩子自己可以做好。你要給予孩子足夠的信任，並讓孩子感受到你的信任。當孩子對寫作業表現出抗拒的時候，你不要告訴孩子該做什麼、不這樣做會有什麼後果，而是告訴孩子：「你的作業，你想好怎麼完成了嗎？如果你想好了，就去做吧，我相信你能做好。」

培養能力

讓孩子自己體驗解決問題的能力，對孩子說「你可以按照你的方式來做」。當你足夠信任孩子時，孩子自然也就有了自信，認為自己是可以並有能力做到的。這時，家長應該學會放手，鼓勵孩子自己去做。如果你只是口頭上相信他們，而在行為上仍然選擇「親力親為」，孩子自然無法感受到你的信任與支持。因此，你要鼓勵孩子自己去嘗試、去探索。

例如，在上述案例中，當我發現那個孩子的身體語言很豐富時，我會說：「你覺得怎樣可以更好地記住這個生字？你可以按照你的方式來做。」我鼓勵他用自己喜歡的方式去學習。這樣一來，在練習的過程中，孩子就會發現自己也擁有獨立解決問題的能力。

認同感受

對孩子說「我知道你很沮喪，我也會這樣，我相信你會好的」。

當孩子因為好動，得不到家長、老師等身邊重要的人的理解的時候，你要主動地與孩子溝通，認同孩子的感受，並盡可能地幫助孩子解決一些他力所不能及的問題。當孩子被批評時，你可以跟孩子說：「我知道你被批評了，所以你感覺很難過。如果是我，我也會這樣。但是沒關係，這只是暫時的，我相信以後你可以做得更好。」

事實上，孩子比我們想像中的厲害得多。他們既有向好的本能，也能從自然後果中學會遵守規則。對孩子來說，父母的全面介入就意味著自己不被信任。不被信任這件事情本身對孩子造成的傷害比任何壓力和困難都要大。它會讓孩子產生一種持續的挫敗感，覺得自己是沒有能力做好事情的。父母若是能夠給予孩子真正的信任，放權給孩子，那麼孩子一定會給你帶來許多驚喜。孩子在父母的愛、尊重與理解中成長，會更容易接納來自父母的建議，親子關係也會更加和諧。

關於陪孩子寫作業，父母還需要注意一點：盡量堅持讓孩子自己檢查作業，父母不要檢查，更不要幫孩子改正作業。這樣做的原因是，一方面，如果家長幫孩子檢查、改正了作業，老師就不能從作業中了解到孩子掌握各門學科知識的真實情況。另一方面，這種方式也容易讓孩子產生依賴感，只顧完成「做作業」的過程，而不對最終的學習效果負責。

讓孩子獨立完成作業，是幫助孩子加強所學知識，鍛鍊孩子專注力、毅力、解決問題的綜合能力的過程。只要父母堅持用積極的態度肯定孩子，用具體可行的方法幫助孩子，用循序漸進的方式引導孩子，一般只要三個月到半年的時間，孩子就能形成一個相對穩定的學習習慣，具備對時間的規劃能力和對自己生活的自主安排能力。這些都會為孩子的獨立性發展提供非常好的基礎。

本章重要工具

培養孩子信任的三個核心句式：

① 表達信任：「我相信你能解決。」

② 培養能力：「你可以按照你的方式來做。」

③ 認同感受：「我知道你很沮喪，我也會這樣，我相信你會好的。」

使用場景：在陪伴孩子寫作業時，當孩子遇到難題時，當孩子既想看動漫又不想耽誤寫作業時，當孩子遭遇失敗挫折時，你可以運用這三個核心句式，認同孩子的感受，向孩子表達你的信任，鼓勵他自己解決問題。

注意：要給予孩子充足的信任。但是要記得，信任不是放任不管，而是要在孩子需要你的關鍵時刻及時伸出援手，比如當孩子遇到困難、不能堅持、情緒沮喪、感覺脆弱時，你要保證隨時站在孩子的身後，支持他，鼓勵他。

能讓孩子學到什麼：在家長的信任和鼓勵下，讓孩子學會主動學習，自己解決問題，管理安排好自己的學習和生活。

本章小練習

和家長朋友探討陪寫作業的得失

和周圍的家長朋友分享、探討一下陪寫作業的得失和經驗。你是包辦代管型、過度監管型還是指手畫腳型家長？你和其他家長朋友在陪孩子寫作業方面，哪些做法是正確的？哪些做法是錯誤的？哪些做法還需要完善？哪些做法值得借鑑推廣？大家進行交流和總結，以此提高陪孩子寫作業的效率，培養孩子學習主動性，提高孩子獨立解決問題的能力。

Part 4

學習競爭力

教育領域裡的「內捲[1]」現象已經成為時下最熱門的話題之一。今天的父母在培養孩子這件事上需要花費比以往更多的時間、金錢成本，才能應對新時代帶來的挑戰和壓力。面對繁重的學習任務，在成長的幸福感和個人教育成就之間，父母該如何取捨，又能否找到關鍵的平衡點？本部分內容注重對孩子自身競爭力的挖掘，讓他們愛上學習，更善於學習。

首先，建立問題思維，保持孩子對未知的好奇心和求知慾；其次，利用筆記工具，輔助孩子學習。接下來，透過深度閱讀、高效記憶、思維訓練的方法，進一步激發孩子的內在競爭力。當掌握了科學有效的學習方法之後，學習就不再是一件苦差事。幫孩子插上最適合他們飛翔的翅膀，讓他們飛得更高、更遠、更自由。

16 問題驅動，激發孩子自主體驗

朋友的女兒妞妞八歲，上小學三年級。家長會上，班主任說妞妞上課時從來不舉手提問，即使老師點她的名字，大多數時候她也是站起來不說話，滿臉通紅。朋友回家詢問女兒原因，女兒卻回答：「我不知道要問什麼，也擔心自己問得不好，被其他同學笑。」朋友覺得女兒的想法不積極，於是嘗試跟孩子講道理：「其他同學怎麼會笑妳？妳膽子大一點，上課主動一些，這樣學習才會好。」但是這次溝通過後，女兒在課堂上表現得更加沉默了。每次老師詢問同學們是否有問題時，女兒就把頭垂得低低的，不敢直視老師。

愛提問、會提問，對一個孩子來說，真的非常重要。只有當孩子對自己的學習內容充滿好奇時，他才會有層出不窮的問題，才能夠激發主動學習和探究的內在動力。

1. 編註：內捲（involution）由「evolution」（進化）一詞，在前面加上了「in」後就變成了向內進化，也就是內捲。這個詞源自於一種社會學概念，形容到了某一個層次後，就只在一個簡單的層次上重複作業，而毫無發展。

不會提問的孩子缺乏學習原動力

當代環保運動先驅、《寂靜的春天》作者瑞秋．卡森曾感嘆：「一個孩子的世界是新鮮的、美麗的，充滿了驚喜與激動。」在孩子眼裡，生活裡每一個我們習以為常的細節都值得被觀察、探究。比如，魚兒為什麼可以在水裡游？飛機為什麼能在天上飛？葉子為什麼是綠色的？人的牙齒為什麼會掉？……可是，隨著年齡的增長，很多孩子逐漸喪失了提問能力。透過分析多個諮詢案例，我發現，孩子變得不願意提問的主要原因有兩個：

第一，當孩子提問時，父母會無意識地打壓，而不是鼓勵。家長們總會感嘆孩子提出的問題千奇百怪，天真幼稚。其實，這是一種非常正常的現象。沒有簡單的問題，就不會引出對其背後複雜原理的研究。孩子學會自己發現問題、提出問題往往是科學探究的第一步。然而，願意耐心解答孩子問題的父母總是少之又少，相反，更多父母會跟孩子說：「小孩子怎麼那麼多問題？」、「這跟你有關係嗎？你吃好你的飯！」、「不該問的不要問，搞好學習就行了」……

我們常常把學習稱為「做學問」，這就說明，學習不僅是一個持續地學的過程，更是一個不斷提出問題的過程。「不學不成，不問不知。」學會善於提出問題，可以讓孩子更深刻地理解所學的知識，形成深度思考的思維模式。在學習中，提出問題與解決問題同樣重要。

第二，日常使用命令方式安排孩子生活，而不是詢問孩子意見。日常生活中，父母常常犯這樣的錯誤——小看自己的孩子，覺得他們沒有能力思考並解決問題。「去刷牙！去洗臉！去穿衣服！去吃飯！去寫作業！」於是，每一件可以讓孩子鍛鍊思考能力的小事，最後都變成了父母對孩子的命令和安排。一個習慣於聽從指令、缺乏思考機會的孩子，自然不會提出什麼問題。

如果不是刻意察覺，大部分父母與孩子的日常相處模式就是如此，家長一方面對孩子的問題毫無興趣，一方面又習慣性地命令孩子，讓孩子按既定安排做事。長此以往，孩子自然慢慢地喪失了思考與提問的能力，對美和世界的感知也漸漸弱化。

提高提問力的兩個方法

不當的言語和對待方式會磨滅孩子的提問能力。如果我們能夠選擇正確的回應方式，就能更好地啟迪孩子的問題思維，以及對未知的探索慾。關於培養孩子的提問能力，下面給大家推薦兩個非常實用的方法。

啟發式提問

啟發式提問是一種有效的雙向交流方式，家長把問題拋給孩子，引導孩子進行思考。比如家長可以經常問孩子：「你覺得這個問題還有什麼其他解決方法嗎？」、「你接下來要做什麼事情？」、「如果想要上學不遲到，你準備怎樣安排你的時間？」、「在這件事上，你有什麼好的建議嗎？」……

下面，我們嘗試做一個情景練習——「看電視/寫作業」。孩子學習不自覺，每天放學一回家就開始看電視。你和孩子談過很多次，希望他可以先寫完作業再看電視，但孩子仍舊我行我素。晚上九點了，孩子作業還沒有寫完，你心裡很著急，於是決定換一種方式和他溝通。這裡，你可以嘗試運用啟發式提問，讓孩子自己發現問題所在，比如你可以這樣和孩子說：

媽媽：寶貝，最近你每天晚上完成作業時都超過十點了，媽媽很擔心你的身體，也怕你第二天上課沒精神。你有什麼好的辦法可以在九點之前完成作業嗎？

孩子：我也不知道怎麼辦，我也想一放學回家就寫作業，但就是忍不住想先看一會兒電視。

媽媽：你看電視的時候是什麼感受呢？

孩子：很開心但又很著急，作業沒完成，其實看電視也不痛快。

媽媽：有沒有什麼好辦法可以讓你看電視時心裡沒負擔呢？

孩子：先把作業寫完，要是還不到睡覺的時間，就看一會兒電視，那樣會比較好。

媽媽：這是個好主意。可是，如果你還是想一放學就看電視，怎麼辦呢？

孩子：媽媽，那妳可以幫忙監督我嗎？妳來保管遙控器，等我寫完作業後再把遙控器給我。

在這個場景中，媽媽並沒有告訴孩子應該怎麼做，而是用一個個問題去啟發孩子自己思考。使用啟發式提問，除了能讓孩子更加自覺主動，還能提高孩子對問題的理解力和分析力。問與答的過程也是讓孩子體驗獨立自主能力的過程，在這個過程中，孩子會感覺到自己需要對自己的學習負責任。

有的家長也許會疑惑：「我平常也會向孩子提問，但是他根本不回答我，這該怎麼辦呢？比如晚上九點了，我會問他為什麼還不睡覺；早上出門的時候，我會問他忘記帶東西了沒有……可孩子的反應要嘛是不耐煩，要嘛就是和我頂嘴，這是為什麼呢？」其實，並不是所有的提問都是啟發式提問。在孩子聽來，「為什麼還不睡覺」是一種對自己的質問和責備。「忘記帶東西了沒有」則會讓孩子覺得父母對自己不信任。那麼，我們怎樣才能夠正確使用啟發式提問呢？你需要記住啟發式提問的四個重點：

- 用啟發式交流代替命令式（也就是用問句代替祈使句）
- 問開放式問題，而不是封閉式問題

- 問「什麼」、「怎樣」，而不是「為什麼」
- 傾聽、同理一起用

比如孩子早上忘記刷牙，你可以問孩子「你有什麼辦法可以讓你的牙齒非常乾淨」，而不是問「你為什麼總是不刷牙」。孩子寫完作業不收拾書包，你可以問「寫完作業後，作業本要放回哪裡呢」，而不是問「你為什麼不把你的作業本收起來」……

在日常生活中，家長還可以多多使用啟發式提問的五大黃金問句，輔助激發孩子的思考力和提問力。

- 你說呢？
- 還有嗎？
- 你有什麼想法？
- 你認為呢？
- 你的選擇是？

在和孩子交流時，試著練習使用啟發式提問。當你能夠熟練運用啟發式提問之後，你會發現，自己能夠以更加平和穩定的心態面對孩子那些看起來有點「匪夷所思」的行為，而孩子也能夠在生活、學習中始終保持一種問題意識。當然，也有家長對我說：「我按照老師說的幾個重點，用啟發式提問跟孩子溝通，但孩子還是氣呼呼的，根本聽不進去。」在這裡，我需要提醒一下各位家長，在使用啟發式提問時，應該注意兩個重要的原則：首先，當家長或者孩子有情緒時，不要進行提問，這個時候家長和孩子應該透過深呼吸或者離開衝突現場等方式，先做情緒暫停；此外，帶著一顆好奇的心傾聽、接納孩子的想法，不要隨意對孩子的想法進行批判和評價，否則孩子會逐漸封閉，不再願意表達自己的真實想法了。

KWL提問表

另一個特別實用的提問工具是KWL提問表格。KWL提問表格使用方法非常簡單，應用場景也非常廣泛，在孩子的許多學習過程中都能用到。

步驟K：Known，即（關於學習主題）我已經知道了什麼？（What I have known）
步驟W：Want，即（關於學習主題）我想知道什麼？（What I want to know）
步驟L：Learned，即（關於學習主題）我學到了什麼？（What I learned）

KWL表格從一開始就幫助孩子設立了清晰的學習目標，建立了相關背景知識，並且整理組織了已有的記憶訊息，為孩子學習新訊息提供了有力支撐，讓學習的坡度變緩。

在KWL表格中，最精華的部分就是讓孩子學會提出問題。經常進行這種訓練，能鍛鍊孩子提問的能力和水準，同時也能助力他們自我學習。只有學會了提問，孩子才知道自己想要學到什麼、自己的學習目標是什麼。

透過使用KWL提問策略，我們可以激發孩子主動學習的興趣，讓孩子成為主動學習者，去探索未知的知識領域。

本章重要工具

提高提問力的兩個方法：

① 啟發式提問中的五大黃金問句

- 你說呢？
- 你認為呢？
- 還有嗎？
- 你的選擇是？
- 你有什麼想法？

② KWL提問表

● 步驟K：Known，即（關於學習主題）我已經知道什麼？
● 步驟W：Want，即（關於學習主題）我想知道什麼？
● 步驟L：Learned，即（關於學習主題）我學到了什麼？

使用場景：對於在學習中不喜歡提問的孩子，可以透過啟發式提問和KWL提問，來培養他們的思考能力，包括提出問題的能力和解決問題的能力等，從而使他們從學習中獲得成就感和滿足感。

注意：無論孩子提出什麼問題，都不要打壓孩子，而是要鼓勵孩子多思考。多用啟發式句式代替命令式句式；多問開放性問題，少問封閉性問題；多問「什麼」、「怎樣」，而不是「為什麼」；多給予孩子理解和同理。

能讓孩子學到什麼：讓孩子變得更愛思考，提高孩子提問題的能力，激發孩子主動學習的興趣。

本章小練習

讓孩子學會提問

每天讓孩子就某件事、某個學科或者自己的興趣，提出兩到三個問題。先讓孩子試著自問自答，然後再由家長協助孩子尋找問題的答案和解決辦法。由孩子評估提出的問題以及解決問題的方法，還可以讓孩子試著想一想是否還有其他解決問題的方法，或最初提出的解決問題的方法還有哪些地方可以改進和完善。最後再由家長給孩子講解、點評提出的問題和解決問題的方法的優劣。在日常安排孩子的學習和生活時，要多使用詢問式句式，不要使用命令式句式。

事件	K（已經知道）	W（想知道）	L（學到了什麼）

17 利用筆記，學習事半功倍

很多家長都有借「學霸筆記」給孩子做參考的經歷。我女兒學校每次期中、期末考試後，都會召開家長會。讓我們家長很受觸動的一點是，各科老師在談到學習方法時，都強調做筆記和整理答錯的題目的重要性。每位老師都會向我們展示各學科優秀同學的筆記，它們共同的特點是重點清晰、線索明確、歸納完整，從書寫到內容都一目瞭然。做筆記和整理筆記，是在幫助孩子梳理所學內容，提煉重點知識。筆記的清晰有序，反映的是孩子學習思維上的邏輯性以及學習過程中的計畫性。

筆記是學習的助力，而不是學習任務

在課堂上記筆記，是為了記錄下老師講解的知識重點，以便課後根據筆記記錄的重點進行針對性地複習，強化所學知識。一本好的課堂筆記通常包含以下三個重點：

1.**記錄重點**。寫課堂筆記不是不帶思考、一字不差地記錄下老師講過的每一個字，而是要將老師講到的知識進行提煉和初步加工，記錄在筆記欄，方便課後複習的時候使用。

2.**歸納關鍵詞**。下課後，要及時地將筆記中記錄的知識用簡明扼要的語言記錄在提示欄中，建立關鍵知識，便於日後回憶。

3.**總結思路**。每週抽取固定的時間來複習課堂筆記，利用歸納的關鍵知識快速、高效地複習。這樣做既能節省時間，又能夠加深記憶。

很多孩子上課做筆記時常常會陷入兩種謬誤：一種是極簡，一堂課下來就記了幾個字，老師講的核心重點沒有抓取到；另一種是過細，把老師講過的每一個字都記錄下來，筆記密密麻麻，卻全無重點，與看書無異。

對於很多孩子來講，記課堂筆記似乎是一種被動要求，是家長或老師要求的學習任務。孩子在埋頭記筆記時，甚至還會經常錯過老師講解的關鍵知識，或者是只完成了記錄的動作卻沒能理解吸收課堂的重點。這也是有些孩子看上去很勤奮但總是學不好的原因之一。

讓孩子學會做筆記，光靠家長提醒收效甚微，我們還需要給孩子提供有效的使用工具。康乃爾筆記法就是一個非常便捷高效的方法。孩子學習過程中的課堂筆記和答錯的題目的彙整本子都可以採用康乃爾筆記法的思路。我女兒補習班的老師說，她的孩子每次複習時都特別頭痛，經常對著筆記抓耳撓腮，不知所措。後來發現，是孩子的字跡太潦草，時間長了，連他自己都分辨不出了。還有一個原因是老師上課講得太快，孩子記筆記跟不上進度，導致很多知識的紀錄都非常零散。針對這些問題，家長可以讓孩子學習康乃爾筆記法，這樣知識可以理解得更透徹，複習起來也更輕鬆。

✔康乃爾筆記法

康乃爾筆記法是由美國康乃爾大學閱讀與學習中心主任沃爾特·波克博士發明的，這個筆記法在聽課、閱讀、複習和記憶資料時被廣泛應用。康乃爾筆記法可以細分為記錄、歸納、總結、複習、檢測等多個步驟，它有效包含了前文所講的記筆記的三個重點，即記錄重點、歸納關鍵詞、總結思路。

如下圖所示，標準的康乃爾筆記模組通常分為三個區域，右上方區域用來記錄課堂上老師講解的主要知識和難點；左上方區域用於課後整理、歸納、提煉知識，把課堂上老師講的內容提煉出一個知識線索來，方便記憶；最下方的區域用來在課後複習整理時記錄相關重要的知識和核心收穫總結。

具體來講，康乃爾筆記法可以分為四個步驟。

第一步：準備一個專門的筆記本

你可以在網路上給孩子買一本康乃爾筆記本，也可以從網路上下載「康乃爾風格」的模組，然後列印出來，裝訂成冊。當然，你還可以讓孩子自己動手改造一下日常使用的筆記本，僅僅需要幾個簡單的小步驟即可完成：

1. 準備一個常用的筆記本。

2. 畫一條水平分割線，貫穿並且連接紙的左右兩端邊線。這條線把頁面分為上下兩個部分，上下比例為3：1。下面距離頁面底端的1／4空，是預留出來的總結區域。

3. 在上部頁面左側畫一條垂直的線，這一豎線應該在距離左側邊線約1／3處。這一塊是用來提煉重點線索的複習區域。

4. 上部頁面右側的一大部分空白，是用來做聽課筆記或者讀書筆記的重點

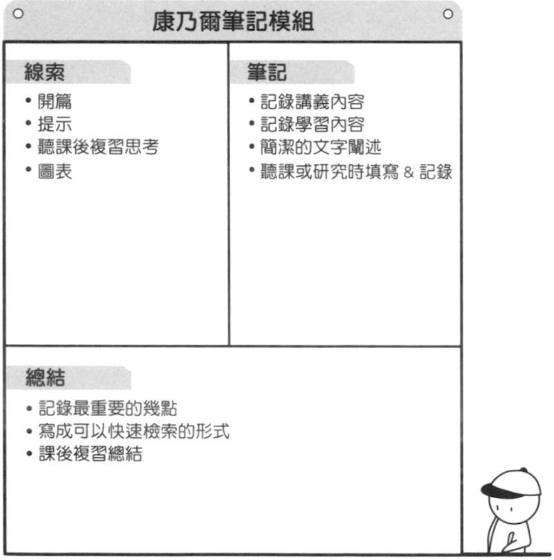

圖 4-1

區域，讓孩子可以有充足的空間來記錄一些知識重點。

第二步：記筆記

頁面頂端寫上課程名稱、日期。不同的學科使用不同的筆記本，每節課的筆記要寫上課程的名稱、日期。堅持這樣做筆記，孩子會收穫一個結構清晰的知識系統，複習的時候也能夠更加容易地找到想看的那部分內容。

劃分功能區域。根據需要，在筆記本的每頁劃分筆記欄、提示欄、摘要欄等不同功能區域。當孩子在聽課或者閱讀的時候，可以根據不同的功能分區，用簡潔的文字進行相應的記錄。

提煉重點。提煉重點並將重點記錄在提示欄。當孩子在思考提煉重點的時候，他就會留意課堂上老師講解的重要訊息。這些訊息包括老師在黑板上寫下的重點、PPT上的重點內容，或者是一些加粗、畫波浪線的強調內容。

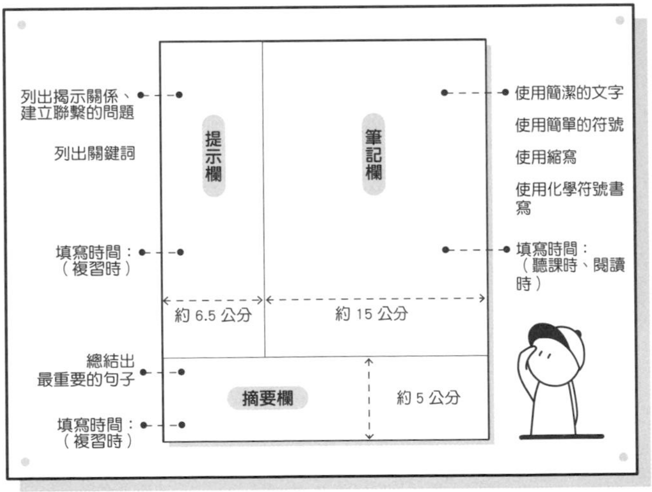

圖 4-2

保持筆記簡潔。不要試圖把老師講的每一句話都記在紙上。家長可以教孩子使用加重號、特殊符號、縮寫詞或者自己發明的速記符號。這樣孩子在聽課時能夠保持高度的注意力，同步接收老師講課內容，不會遺漏關鍵的知識訊息，避免因為埋頭苦記而錯過老師的講解思路。

提煉中心思想。將提煉出的中心思想寫在摘要欄。老師在講解知識時，可能會引用諸多例子來解釋證明。這些例子只是用來佐證中心思想的，因此不必浪費筆墨特別記錄，只需要提煉這個知識的中心思想記錄即可。將中心思想提煉後集中記錄在摘要欄，不但可以提升孩子的自我表述和歸納的能力，讓孩子更透徹地理解記錄下來的知識，還能幫助孩子省下後期的複習時間。

不同主題的筆記區分開來。當開始下一個主題的學習時，最好是隔開幾行，或者畫一條分割線，或者直接換頁。這樣可以幫助孩子在腦海裡把訊息資料系統化。也可以在需要查看的時候，幫孩子快速找到對應的內容部分。

及時記錄疑點和難點。在課堂上，如果有什麼地方沒理解或者不清楚，一定要快速地在筆記中記錄下來，便於稍後向老師提問。整理疑問的過程同樣可以幫助孩子消化課堂上所學的知識。

第三步：課後補充

筆記的重要功能是幫助孩子複習，把所學內容記得更加牢固。在課後，可以透過以下幾個方式讓知識系統更加完善：

總結關鍵詞。聽完課，孩子應該盡快從筆記本右側部分提煉出關鍵思想和關鍵事實。把濃縮後的重點記錄在左側提示欄，複習時重點關注那些關鍵字詞和概念。如果孩子是視覺型學習者，那麼可以把頁面右側一欄中的主要觀點進行畫線標記，或者是用螢光筆圈出。

聯想思維。在表格左欄中記錄由這個學習主題聯想到的相關問題和知識，同時可以根據右欄中的筆記內容，猜測可能的考試重點，一併補充在左欄中。這一做法的好處是，可以將知識串聯起來，對於那些易混易錯的內容，可以實現有效區分和記憶。

總結複習。把本學習主題的總結寫在頁面底部的那一欄。這一項一般在仔細複習筆記之後進行，這是一個檢查孩子對課堂知識理解程度的好方法。我們建議孩子用自己的語言來總結陳述，而非借助書本上已有的話語。當孩子可以自己表達想法、思考和提問時，就代表他能夠自主梳理和理解課堂內容，這將會使孩子擁有更加明晰的學習思路。

在進行這一步時，可以讓孩子問自己：「如果我要給別人講解這些觀點，我該如何說？」讓孩子代入一個向他人講解的情境，或者讓他嘗試直接給父母講解，重點不在於表達的流暢性，而在於表達這個過程本身。對於孩子來講，表達本身就是一次複習。如果孩子在總結某個知識時遇到麻煩，不妨回顧一下筆記，查看是否有問題遺漏，或者可以直接請教老師。

第四步：把筆記用起來

同樣是記筆記，不同的使用方式帶來的效果也不盡相同。學會讓筆記發揮出它最大的作用，需要做到以下三點：

回顧筆記。專心看左欄（關鍵詞、重點提示）和底欄（總結）中的筆記。這些地方記錄了孩子在測驗或者考試中最需要了解的知識重點。在複習時應重點回顧背誦，可以嘗試把最重要的部分畫線標記。

用於測試。可以利用筆記測驗孩子對知識的掌握程度。比如，讓孩子用手掌或者白紙蓋住右側筆記區的部分，試著不借助書本回答自己在左欄中寫下的問題，然後移開手掌或紙片進行核對。家長也可以在孩子需要的時候，向孩子提出一些問題。

重複複習。讓孩子養成經常翻閱筆記多次複習的習慣，加深對知識的記憶和理解。遺忘是學習的最大敵人，家長可以提醒孩子保持一個合適的時間頻率複習已學的知識，而不是在考試前臨時啃書本。突擊學習知識不能達到記憶的效果，對於那些基礎性的、需要記憶的知識，孩子應當盡早吸收理解，融會貫通，並適時複習。

康乃爾筆記法能夠幫助孩子把課堂上學習的知識以筆記的形式高效地記錄下來，同時，孩子能夠根據筆記複述課堂重點，按照筆記內容間隔性地複習。這對孩子理解力和記憶力的提升都有顯著作用。事實證明，如果孩子能夠熟練地掌握康乃爾筆記法，學習這件事將會事半功倍。需要注意的是，康乃爾筆記只適合小學高年級和初高中孩子使用。對於那些年齡偏小，還無法自主做筆記的孩子，家長可以運用康乃爾筆記法的理念，鼓勵並引導孩子複述課堂上老師講述的重點，然後詢問孩子自己的想法，並檢查孩子是否存在有疑問的地方。這種方式對孩子的記憶知識和拓展思路都非常有幫助。

本章重要工具

康乃爾筆記法有記錄、歸納、總結、複習、檢測等步驟，它包含了三個特別重要的學習能力：

① 記錄重點
② 歸納關鍵詞
③ 總結思路

使用場景：適用於國語、數學等各個學科，適用人群為小學高年級、初高中學生。對於還不會記筆記的低年級學生，家長可以運用康乃爾筆記法的理念，來引導孩子回憶複習當天老師講授的知識。

注意：不必把老師講的每一句話都記錄下來。老師有時為了說明一個知識，會舉幾個不同的例子，記錄時只需要記錄知識和一個典型案例即可。記錄筆記要整潔，切忌潦草、字跡難以辨認。筆記完成後，要經常複習，並且進行整理，歸納關鍵字，找出疑點和難點，以便向老師和同學請教。

能讓孩子學到什麼：透過對關鍵詞和知識重點的提煉，鍛鍊孩子的思辨和歸納能力。多次複習，可以加深孩子對知識的理解和記憶，幫助孩子將學習的內容系統化，提高孩子的學習力。

本章小練習

練習康乃爾筆記法

教孩子學會康乃爾筆記法，讓孩子試著用此方法記錄國語、數學等學科的筆記。可以每天抽一個學科的筆記，讓孩子自己回顧總結今天做筆記的情況，哪些地方做得好、哪些地方有待完善。讓孩子試著歸納知識重點，總結這一學習主題的概要，並記錄下難點和疑點，以便向老師請教。

18 高效記憶，利用知識留存工具

被稱為「數理天才」的鄧明揚，是不少人心目中的「學神」。他先後在國際數學、訊息學奧林匹克競賽中獲得金牌。十五歲獲得清華大學的保送資格，十七歲收到麻省理工學院的錄取通知書。除了參加各種競賽，鄧明揚還下圍棋、玩橋牌、設計電腦遊戲，甚至在校內成立了編程工作室。在如此高密度的時間分配下，他還能做到每天晚上十點前睡覺。很多人說，鄧明揚的成功是因為天賦。的確，他對數學和訊息學有著非常強烈的興趣並且能力超群。但是，取得這些成績絕不僅僅是靠天賦，更重要的是自主、自律以及有效的學習方法。鄧明揚的媽媽曾經分享過鄧明揚學習英文的方法，當時鄧明揚的英文不夠好，媽媽就利用艾賓浩斯記憶表，幫他科學化地安排英文學習，同時設立積分表，讓他透過累積積分兌換禮物，從而像玩遊戲一樣輕鬆地學習英文。

記憶規律與遺忘曲線

我們常常會疑惑，為什麼有的孩子能做到過目不忘、舉一反三，而有的孩子花費一個小時卻連一首簡單的古詩都背不下來。難道真的是天賦的差異？其實，只要用對了學習方法，這些問題都能找到解決方案。首先，我們要了解導致孩子「學完就忘」的原因，它包含很多方面，比如抽象的知識忘得快，直觀形象的東西忘得慢；複雜的東西忘得快，簡單的東西忘得慢……所以大部分人很難記住由無任何聯繫的字母組成的單字，卻能夠一口氣唱完《小蘋果》。此外，學習時用心的程度，也決定了知識遺忘的速度。一般來說，在孩子用心投入

時間間隔	記憶保持百分比
剛剛記憶完畢	100%
20 分鐘後	58.2%
1 小時後	44.2%
8~9 小時後	35.8%
1 天後	33.7%
2 天後	27.8%
6 天後	25.4%
1 個月後	21.1%

圖 4-3

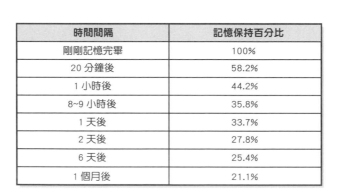

的情況下，學習內容會記得最清楚，而當孩子過於緊張或者精神渙散地投入學習時，就會因為注意力分散而導致遺忘速度加快。

遺忘現象其實是有規律可循的。首次提出遺忘規律的是德國心理學家艾賓浩斯，他以自己為實驗對象，做了一個著名的記憶實驗。實驗選用了一些無任何意義的音節，也就是那些不能拼出單字來的眾多字母的組合，比如 ejidju、mcueyf、jriniec、odyeyktn 等。艾賓浩斯需要對它們進行分組記憶，並在不同的時間段驗收記憶成果。經過測試，他得到了一些數據：

根據這些數據，他描繪出了一條曲線（見圖 4-4），這就是著名的「艾賓浩斯遺忘曲線」：

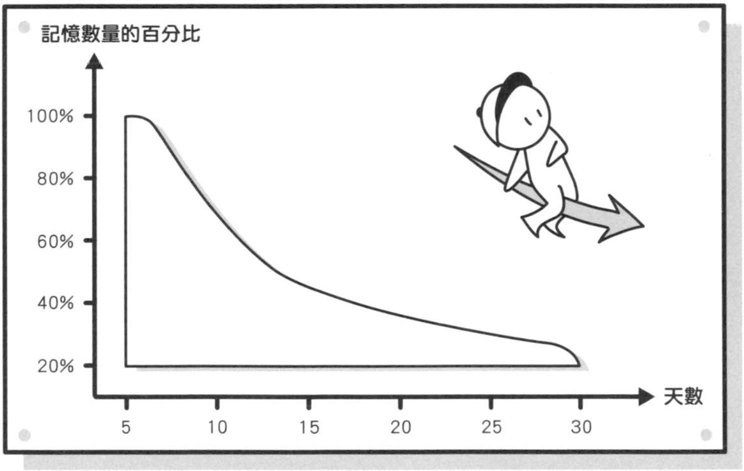

圖 4-4

圖中縱軸表示學習中記住的知識數量百分比，橫軸表示時間（天數），曲線表示記憶量變化的規律。

我們從這條曲線可以看到：在學習新知識的過程中，人們的遺忘進程並不是勻速發生的，不會出現每天固定忘記一些內容的現象。實驗表明，通常是在記憶剛剛結束的最初一段時間內，遺忘的速度非常快，之後速度逐漸變慢。經過相當長的一段時間後，人們幾乎就不再遺忘了。這就是遺忘的發展規律，即「先快後慢」。

了解了這一點，你就會發現，學習也是有捷徑可循的。如果孩子在學習過程中，能夠按照遺忘規律，把一些重要訊息在合適的時間點進行刻意複習，那麼，花費相同的時間，孩子學完後的「知識留存率」就會獲得成倍的提高。

✔根據遺忘曲線制訂複習計畫

記憶分為短時記憶和長時記憶。短時記憶，也稱「工作記憶」，它的延續時間在四到十六小時，根據個體差異有所不同。以記單字為例，老師今天要考查默寫昨天上課講過的單字，但你忘記背了，這時你利用上課前的課間休息時間惡補背誦以應對測試，是否有用呢？是有用的。但當你結束了一天的課程，回家吃飯或玩耍了一段時間後，你是否還能記得這些單字呢？很大機率不記得了。這就是短時記憶。

而長時記憶是指一般能保持多年甚至終身的記憶，它的訊息主要來自短時記憶階段加以複述的內容，也存在由於印象深刻一次形成的記憶。我們在學習一個新的知識技能時，需要短時記憶和長時記憶共同發生作用，它們作用在不同的時間節點。因此，艾賓浩斯根據上述實驗確定了不同時間段的複習點：

第一個記憶週期：五分鐘
第二個記憶週期：三十分鐘
第三個記憶週期：十二小時
第四個記憶週期：一天
第五個記憶週期：兩天
第六個記憶週期：四天
第七個記憶週期：七天
第八個記憶週期：十五天

前三個記憶週期用以加強短時記憶，後面第四到第八個週期則屬於長時記憶範疇，需要重點關注。我認識一個四年級的小朋友，每次見面他都能夠背誦很多古詩文，可以稱得上信手拈來，即使是整篇的《岳陽樓記》也不在話下。其實，他花在古詩文背誦上的時間並不多，但是他每次背誦後，都會按照艾賓浩斯記憶法，在第二天、第四天、第七天、第十五天以及第三十天的時候複習第一天背的內容。所以他不但記得輕鬆，而且記得特別牢固。

我曾把艾賓浩斯記憶法分享給很多我的學員。其中一位媽媽就在運用記憶法教導孩子記憶拼音。原本記了就忘的孩子在學習了記憶法後，學習效率大大提高，非常輕鬆熟練地掌握了拼音的讀寫，並且每次都能夠按照記憶表格安排學習和複習的內容。所以你看，孩子一旦掌握了好的學習方法，自主的動力和能力都能得到很大程度的提升。

如果你依舊在為孩子的知識留存率低而困擾，千萬不要抱怨孩子的記憶力差。這只是因為孩子沒有掌握記憶的規律。你可以讓孩子試一試艾賓浩斯記憶法。關於它的使用，具體可以分為三個步驟：

第一步：製作複習計畫表。根據遺忘曲線的規律，製作一張複習計畫表（見圖4-5）。

第二步：分解學習目標。和孩子一起將他的階段性學習目標進行分解細化（具體方法我們在前面已經詳細介紹過），然後將分解好的目標對應地填寫到記憶表格中。

第三步：執行。根據製作好的表格，陪孩子練習，並且多多給予孩子肯定和鼓勵。

艾賓浩斯記憶曲線複習計畫表

序號	學習日期	學習內容	短時記憶複習週期（複習後打勾）			長時記憶複習週期（複習後打勾）							
			5 分鐘	30 分鐘	12 小時	1 天	2 天	4 天	7 天	15 天	1 個月	3 個月	6 個月
1													
2													
3													
4													
5													
6													
7													
8													
9													
10													
11													
12													
13													
14													
15													
16													
17													
18													
19													
20													
21													
22													
23													
24													
25													
26													
27													
28													
29													
30													

圖 4-5

在這張複習計畫表中，第一列是學習內容序號，第二列是學習日期，第三列是學習內容（為了便於表格填寫，一般把學習內容進行編號），後面若干列是根據短時記憶和長時記憶的週期，來安排複習內容。比如第一天的學習內容，分別在短時記憶的幾個時間點和長時記憶的幾個時間點來進行強化性複習。

在使用艾賓浩斯記憶表時，大家也要特別注意一些問題。

避免內容安排太多。有些家長總是過於心急，希望孩子學習能夠一步到位，於是往往會給孩子安排很多內容，甚至在第一天就將需要記憶的內容安排得滿滿的。但孩子大腦的負荷是有限的，一旦複習比例超過了孩子所能承受的，就會適得其反，孩子也很難持續下去。因此，每天安排的記憶內容一定要適量。比如剛開始記單字，一天可以安排五個單字，這樣一來，孩子記憶起來很輕鬆。持續一年下來，就是將近兩千個單字。背誦古詩也一樣，一天背兩首古詩，如果孩子能夠持續一年，熟練背誦唐詩三百首綽綽有餘。

不要幻想孩子能自主完成表格。孩子生性好動，對一件事情的熱情總是來得快，消失得也快。如果家長寄希望於孩子能夠每天主動完成所有任務，其實不太現實。畢竟非常自覺、積極、主動完成計畫的孩子還是占少數，大部分孩子的堅持都源於家長的信念。所以，培養孩子的自律品格，需要家長的適當陪伴和及時提醒。在孩子的學習過程中，我們需要在最初的幾個月裡，及時且適當地提醒孩子完成學習任務，如無特殊情況，不要間斷。等孩子逐漸養成了習慣，家長就可以放心地讓孩子自主地執行了。

特殊情況的中斷安排。即使家長和孩子詳細地制訂了記憶計畫，但這不意味著實施過程能夠一帆風順。如果在記憶表的執行過程中，遇到了突發事件或者特殊情況，不得不中斷計畫時，該怎麼辦呢？如果只間隔了一、兩天，那麼影響並不大，只需抽時間按照表格中安排的內容複習就可以了；如果間隔時間較長，則建議重新安排記憶週期，所以計畫一旦開始，不要輕易中斷，這一點在計畫之初也需要家長想得長遠一些。

任何好的方法，都需要正確使用加堅持不懈。所以，不妨從今天開始，根據記憶表格制訂複習計畫，每天努力一點點，日積月累，就一定會有豐厚的收穫。

本章重要工具

艾賓浩斯記憶週期：

① 第一個記憶週期：五分鐘
② 第二個記憶週期：三十分鐘
③ 第三個記憶週期：十二小時

④第四個記憶週期：一天
⑤第五個記憶週期：兩天
⑥第六個記憶週期：四天
⑦第七個記憶週期：七天
⑧第八個記憶週期：十五天

根據艾賓浩斯遺忘曲線制訂複習計畫：

①製作複習計畫表
②分解學習目標
③執行

使用場景：針對孩子學習中存在的問題，比如需要記憶的內容總是記不住，不喜歡對需要記憶的基礎知識進行複習等，選擇最高效的學習方式，並且根據遺忘曲線來制訂複習計畫。

注意：在使用艾賓浩斯記憶曲線複習計畫表的過程中，既需要孩子堅持，也需要家長的適當陪伴和及時提醒。

能讓孩子學到什麼：能夠幫助孩子提高「知識留存率」。學會在關鍵時間點複習，孩子記下的東西就會變得特別牢固。

本章小練習

利用遺忘曲線制訂背單字計畫

讓孩子透過背英文單字來鍛鍊學習能力和記憶能力，比如一週內記住一百個英文單字。讓孩子根據遺忘曲線製作記憶表，分解記憶目標，然後執行。家長要鼓勵孩子堅持下去，記憶單字或許枯燥，但是可以透過聲音、圖像、影片、實踐等多種學習方式來豐富記憶形式，幫助孩子記憶單字。

19 深度閱讀，既有興趣又有方法

認識閱讀的重要性是培養孩子學習力的關鍵一步。孩子在閱讀的過程中，語言能力、想像力、寫作能力以及交往能力都能得到全面的鍛鍊與提升。擁有了一定的閱讀基礎，孩子能夠更輕鬆地從書中領悟複雜的觀念，欣賞美妙的語言。我們的一個小學員剛上一年級，入學測試國語六分、數學四十六分，就是因為他在學齡前基本沒有進行過系統的閱讀訓練，所以識字量、閱讀理解能力都偏弱，很多題目都無法理解，自然也就無法答題。後來他的媽媽為他制訂了專門的閱讀能力培訓。四個多月後，他的國語和數學測試成績都達到了八十分以上。閱讀力就是學習力，這一點已經在許多孩子身上得到了印證。

閱讀力提升學習力

閱讀力是指我們對一切視覺訊息的處理能力。在閱讀過程中，孩子的注意、感知、理解、想像、記憶等一系列複雜的心智行為被充分調動，用以處理訊息。閱讀力體現的是孩子的綜合能力，是評價一個學生學習能力好壞的主要依據。近年來，國語教改與新課標一直是熱門話題，教育部對於國語科目的關注度持續升高，還提出了「九年義務教育學生課外閱讀總量須達四百萬字以上」的倡議。國語成績與閱讀力密不可分，孩子具備深度閱讀力，不僅有助於國語科目的學習，還能為其他學科打下良好的基礎。

我女兒上小學時在閱讀實驗班，班裡的同學們都很喜歡閱讀。從小學一年級到小學畢業，我每年都會請兒童閱讀專家給孩子們列出一個必讀書目，然後由全班家長共同購買圖書放到班裡的閱讀區，供孩子們翻閱學習。由於日常的閱讀累積足夠多，孩子們的閱讀思維和表達力都得到了很好的發展。在整個小學階段的各種學業考查中，他們班各學科的成績排名均在年級前列。

無數的事實證明，閱讀能力強的孩子不僅文科學習好，理科學習也會占優勢，因為準確理解題意是正確解答的基礎。閱讀力是學習力的一種表現，這是國際教育學界、閱讀學界公認的結論。孩子們在九歲之前是學習閱讀，在九歲之後則是透過閱讀來學習。朱永新老師講過這樣一句話：「一個人的閱讀史就是他的精神發育史。」因此，基礎教育和高等教育都非常重視對閱讀能力的培養。家長也應積極引導孩子養成閱讀習慣，提升閱讀能力。

培養閱讀興趣

作為家長，我們該怎樣培養孩子的深度閱讀能力呢？首先，我們要確保孩子的閱讀是建立在自我興趣之上的，需要他自己認同並實施。家長要做的是培養孩子的閱讀興趣，而非強制性地要求閱讀任務。

很多父母抱怨孩子不愛看書。有的父母認為，孩子不愛讀書是遺傳，因為他們自己也不愛看書。有些父母在家裡要求孩子看書，自己卻在旁邊不停地滑手機。還有的父母喜歡在孩子讀書時不停地叮囑孩子：「你得讀出聲來，你不讀出聲，我怎麼知道你在讀？」孩子雖然會照著書一字一句地朗讀，但是只要身邊沒有家長監督，孩子就會停下來看著書本發呆。許多家長都有過類似的經歷，在輔導孩子閱讀這件事上並不如想像中那般簡單。其實，家長在培養孩子閱讀興趣時，需要注意避免以下兩個問題：

- 避免暗示孩子——你是一個跟媽媽（爸爸）一樣不愛閱讀的人
- 避免監督孩子——讓孩子覺得閱讀是一個任務

一旦家長採用了暗示和監督的手段，孩子就很難自發地對閱讀產生興趣。要培養孩子的閱讀興趣，父母首先要做到以下三個方面：

家裡一定要有藏書

良好的家庭閱讀氛圍能夠對孩子產生積極正面的影響。其中，家庭藏書量也是衡量家庭閱讀氛圍和精神文明的重要指標之一，它在一定層面上反映了一個家庭的文化層次和對文化知識的態度。如果一個家庭裡沒有書架書櫃，房間裡也根本沒有幾本書，又何談激發孩子的閱讀興趣呢？培養孩子的閱讀興趣，首先要讓書成為孩子生活中不可或缺的一部分。孩子一進入閱讀期，我們就需要給孩子準備一個獨立的書架或者閱讀區，放上一些孩子感興趣並且可以隨手取閱的書籍。除了設置專門的書架，家長還可以在孩子觸手可及的地方放上一些能吸引孩子注意力的書籍，讓孩子隨時找到他願意閱讀的內容。

父母以身作則

父母是孩子的第一任老師，孩子無時無刻不在模仿父母的一言一行，乃至個性和說話神態。可見，來自父母的榜樣力量是極其重要的，父母良好的言行會使孩子終身受益。在閱讀上也同樣如此。如果父母向孩子傳遞的是一個熱愛閱讀、熱愛知識的形象，那麼孩子自然也會受到影響，對閱讀產生興趣。

孩子開始閱讀一本書時，家長應當多創造與書有關的共同話題，帶動孩子的閱讀熱情。當孩子拿到一本新書並表示想跟父母討論時，家長可以微笑回應「看過了，我很期待你的觀點」或者「爸爸/媽媽還沒有看過這本書，你可以向我推薦一下它的內容嗎？等我讀完我們可以一起討論」。當孩子坐在書桌前看書時，家長可以在不遠處打開電腦辦公，或是陪在孩子身邊看書。如果你有其他事情要忙，可以稍稍遠離孩子，記得不要干擾孩子的閱讀氛圍。這樣，父母跟孩子之間就能夠形成一個有關閱讀的良性互動。

保護孩子的閱讀興趣，而不是破壞它

沒有樂趣的閱讀，是無法激發孩子的閱讀能力的。培養孩子閱讀的興趣，最重要的一件事情就是讓孩子感覺到閱讀是一件快樂的事情。

有位媽媽和我分享了一件事情。在一次外出遊玩前，孩子爸爸要求了一項任務：「花時間出去玩，一定要有收穫。你可以先看完這本遊記再去玩，這樣你的心裡就會對遊玩的地方有個初步印象。等遊玩回來，你再寫一篇遊記，談一下自己的感悟。」聽完這些要求，孩子瞬間就崩潰了，連連表示：「我不要看書，不要寫遊記，也不出去玩了，你們自己去吧。」如果閱讀和寫遊記不是出於自願，而是被家長命令和要求，那麼孩子是很難從中感受到樂趣的。當人們從事一些無法感受到樂趣的事情時，是非常消耗自身能量的，最後的效果也會大打折扣。如果父母能夠創造一個良好的閱讀環境，同時不破壞孩子的閱讀興趣，那麼孩子會自然對閱讀產生興趣，因為他們對這個未知的世界實在是太好奇了。

當然，僅僅是喜歡閱讀還遠遠不夠，我們還要有意識地培養孩子的深度閱讀力。唯有如此，才能為孩子的學習打好堅實的基礎。

✔培養深度閱讀力的三步閱讀法

第一步：閱讀前，讓孩子學會帶著問題去閱讀。比如前文中講到的KWL提問表，家長就可以在閱讀前和孩子一起填寫。

第二步：閱讀中，讓孩子去注意情節是怎麼發展的，這個主題可以怎樣理解，這些人物可以如何評價。

第三步：閱讀後，和孩子一起對內容進行概括，互相傳達閱讀後的情緒感受和對內容的評價鑑賞。

閱讀過程中的每個環節，我們都可以透過一些有效提問，讓孩子把思考貫穿閱讀過程，從而提升他的閱讀能力。透過提問、思考、跟夥伴交流討論、錄製影片等方式，將閱讀內容分享給他人後，知識會在頭腦裡留下更深刻的印記。特別是當孩子能將看過的書與自己的實際生活聯繫在一起時，他的深度閱讀力就會大大提升。

接下來，我們以《長襪子皮皮》這本書來舉例練習。在孩子閱讀這本書時，我們可以這樣向孩子提問：

1. **預測**。拿到這本書之後，用提問的方式讓孩子去預測——這本書中會發生什麼樣的故事呢？為什麼主人翁叫「長襪子皮皮」？
2. **訊息提取**。在這本書裡，你看到了什麼？讓你印象最深刻的一點是什麼？
3. **理解**。就故事發展的過程進行理解性提問，比如皮皮是自己一個人住的，家長可以詢問孩子：「她為什麼會自己單獨住？」
4. **應用**。將書中內容與實際生活進行聯繫和對比，比如：「皮皮的力氣非常大，可以舉起一匹馬，如果換成你，你做得到嗎？你會怎麼做？」
5. **整合**。讀完這個故事後，你學到了什麼？你覺得什麼地方最有意思？
6. **評價**。你喜歡皮皮嗎？皮皮是一個什麼樣的人？她的特點是什麼？

你可以參照這樣的方法跟孩子做提問的練習。另外，我們還可以運用4F理解分析法，來幫助孩子提高深度閱讀力。

- **Fact**：這本書告訴我的事情（讓孩子了解故事）
- **Feeling**：我對書中這件事或這個人物的感覺（幫助孩子理解）

- Finding：我對書中內容的分析與看法（鍛鍊孩子的分析能力）
- Future：如果以後我遇到書中的問題，我會如何做（讓孩子學會延展應用）

在運用這些方法的時候，需要特別提醒大家的是，家長與孩子的閱讀互動一定要平等。家長需要扮演一個傾聽者的角色。當孩子完成一本書的閱讀後，對於自己感興趣的知識，孩子常常會產生表達的慾望。這時，家長可以作為傾聽者，引導孩子就這些問題進行深入的探討。同時，以提問的方式促使孩子進行更多的思考，幫助孩子理解故事的發展和人物的特點，培養孩子自主思考的習慣。家長要避免代入成人的視角，輕易否定或看輕孩子的想法，這對孩子的閱讀慾望是極大的打擊。

本章重要工具

三步閱讀法：

① 閱讀前，讓孩子學會帶著問題去閱讀。

② 閱讀中，讓孩子去注意情節是怎麼發展的，這個主題可以怎樣理解，這些人物可以如何評價。

③ 閱讀後，和孩子一起對內容進行概括，互相傳達閱讀後的情緒感受

和對內容的評價鑑賞。

4F理解分析法：

- Fact：這本書告訴我的事情
- Feeling：我對書中這件事或這個人物的感覺
- Finding：我對書中內容的分析與看法
- Future：如果以後我遇到書中的問題，我會如何做

使用場景：如果你的孩子不愛閱讀，或者閱讀時只停留在淺閱讀上，對看過的書沒有記憶點，也沒有自己的理解和評價，那麼可以利用三步閱讀法和4F理解分析法來培養和提高孩子的深度閱讀力。

注意：培養孩子的閱讀興趣和習慣，首先家長要喜歡閱讀，並為孩子創造良好的閱讀環境。要讓孩子學會帶著問題讀。在和孩子共讀探討時，一定要尊重孩子的想法。

能讓孩子學到什麼：閱讀力是一切學科的基礎，也是孩子擁有獨立思辨力的基礎，它能夠提升孩子的學習力和競爭力。

本章小練習

讓孩子學會深度閱讀

讓孩子選一本自己喜歡的書，然後運用三步閱讀法或4F理解分析法，讓孩子先預設一些問題，然後帶著問題閱讀這本書，並且自己尋找這些問題的答案。家長只是在旁邊給予一些適當的引導和提示。透過這樣的訓練，既可以提升孩子提問的能力，也能夠提升孩子的思維能力和解決問題的能力，更能夠加深孩子對圖書的理解，從而大大提升孩子的深度閱讀力。

20 思維訓練，看到思考的路徑

巴爾扎克有句名言：「一個能思考的人，才是力量無邊的人。」對於孩子而言，學會思考，善於思考，養成良好的思考習慣，他不僅能夠在學習上事半功倍、游刃有餘，而且未來進入職場也會做得更好。可以說，優秀的思考能力能改變孩子的一生。

家長有時會抱怨孩子不會獨立思考，總需要他人催促和提醒。可是我們往往忽略了一個事實——孩子正是因為缺乏明確的思考路徑，才在面對問題時無從下手的。從問題到答案，很多時候是在曲折中前進的，它並不一定存在一條既定路線。那麼，從問題出發，怎麼才能到達答案呢？我們又該順著何種路線來思考呢？在這裡，我建議大家透過思維訓練的方式，幫助孩子搭建屬於自己的思考路徑。

思考不是本能，需要反覆訓練

「學而不思則罔，思而不學則殆。」思考的重要性不言而喻。很多家長認為，孩子平時看起來聰明伶俐、反應迅速，他的思維能力肯定也不會差。但其實，聰明伶俐和有思維能力是完全不同的概念。簡單來說，一個是天賦，另一個是能力。思維是包括分析、綜合、概括、抽象、比較、具體化、系統化等在內的一系列過程，透過對感性材料進行加工，將其轉化為理性認識來解決問題。無論是學生的學習活動，還是成年人的日常工作和生活，都需要思維能力來支撐。思維能力是人類智力活動的萬能鑰匙，大腦的所有智力活動都受思維能力的支配。最重要的是，它不是一種本能反應，而是一種需要反覆訓練才能習得的能力。

下面，我們以輔導作業這個場景來舉例說明。設想一下，你正在給孩子輔導作業，題目是老師課堂上講解過的基礎題，然而孩子面對作業本一臉茫然。你很無奈，只能一遍遍提示孩子：「你再好好想想，老師講過的。我剛剛還帶著你做了一遍。這個應該……」你強調了一遍又一遍，但面對下一道同類型的題，孩子還是記不住、不會做。你開始疑惑，難道孩子真的是天賦不行？還是他沒有認真聽講，學習時沒有用心記憶？又或是因為犯懶，不願意動腦？其實，他不是不認真，也不是天賦不足，而是他根本就不知道該如何思考，他無法理解解題步驟是如何一步步推演而來的，而且由於缺乏思維能力，他連死記硬背也難以做到。類似的情況還有，孩子讀了很多書，可是當被問到讀書收穫時，卻一問三不知；孩子平時學習勤奮，每天花很多時間做練習，可是考試成績始終沒有提高；孩子吸收知識特別慢，同樣的內容，要反覆聽很多遍才能理解……這些都是思維能力缺乏的體現。孩子出生後，只要不存在天生的腦部缺陷，他們的聰明程度幾乎相當，只是因為後天環境和教育方式不同，才形成了不同的思維方式，孩子之間的差距也主要體現在這裡。

思維能力的訓練是一種有目的、有計畫、有系統的教育活動，它需要在練習中提升，透過有方法、有路徑的反覆訓練，形成完善的思維路徑。在生活中，我們不難發現，那些在良好家庭教育環境中成長起來的孩子，他們一般思維能力和邏輯能力都相對出色，而那些在不被關注的環境下長大的孩子，智力發育就比較緩慢。這一點在成功人士群體中更為明顯，因為他們更加重視對孩子的智力開發和思維訓練。這個世界上沒有「天才」，所謂「天才」，不過是他們的思維能力比普通人強一些而已。幸運的是，思維能力是可以透過訓練來提升的。

構建思維模型，讓思考有路徑可循

如何幫助孩子進行思維能力訓練呢？最科學的方法就是進行思維模型訓練。思維模型是用簡單易懂的圖形、符號、結構化語言等組成的可視化模型。它是人們觀察、分析、解決問題的「心理結構」，運用可視化的圖形或符號，將進入頭腦中的概念相互連接，將所學知識進行模塊化處理。選擇圖形、符號而非以文字主導，是因為形象的、具體的、直觀的事物要比抽象的語言容易理解得多。這就是為什麼人們通常覺得看影片比看書更容易理解。

家長可以運用思維導圖幫助孩子系統地、全方位地梳理所學內容。這非常有助於孩子對學習內容進行深刻而富有創造性的思考，從而更加快速地找到解決問題的關鍵因素或關鍵環節，在一次次的鍛鍊中提升邏輯思維能力。簡單來說，思維導圖能夠幫助孩子化繁雜為簡單，化無序為有序，幫助他們更有條理、更高速地使用大腦。我女兒的國中國文老師，就一直在引導學生使用思維導圖整理文言文閱讀，孩子們感覺收穫很大。

運用思維導圖具有以下幾種明顯的優勢：

1. 可以大大提高學習效率，增強理解和記憶能力。

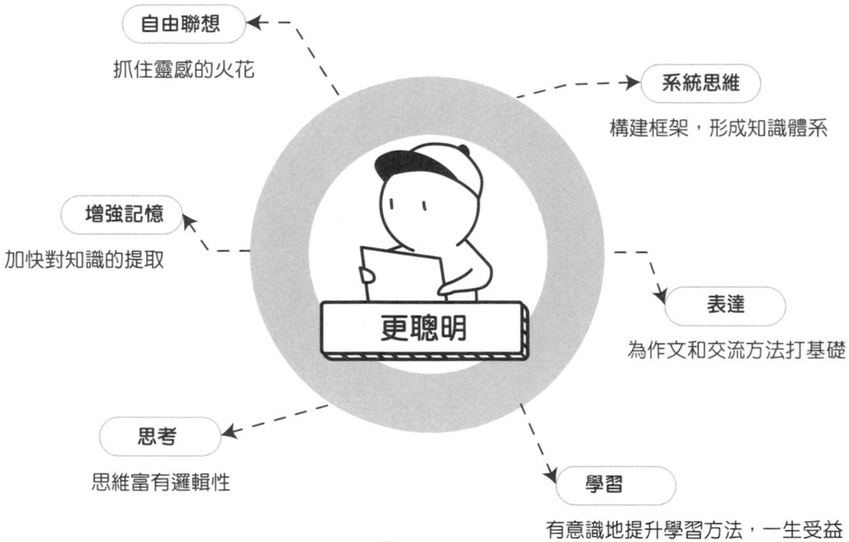

圖 4-6

2.可以幫助學習者發現關鍵知識，節省學習時間，降低學習成本。

3.思維導圖的可伸縮性，能夠讓學習者把新舊知識結合起來，並且把新知識快速同化到已有的知識結構中。

4.創作思維導圖可以極大地激發右腦活動。我們的大腦分為左腦和右腦，左腦負責邏輯、詞彙、數字，而右腦負責抽象思維、直覺、創造力和想像力。傳統的筆記方法只運用了大腦的一小部分，而創作思維導圖可以同時調動左右腦，同時配合視覺器官進一步加深記憶。

思維導圖常見的類型有圓圈圖、氣泡圖、流程圖等。不同類型的圖形有不同的用途。

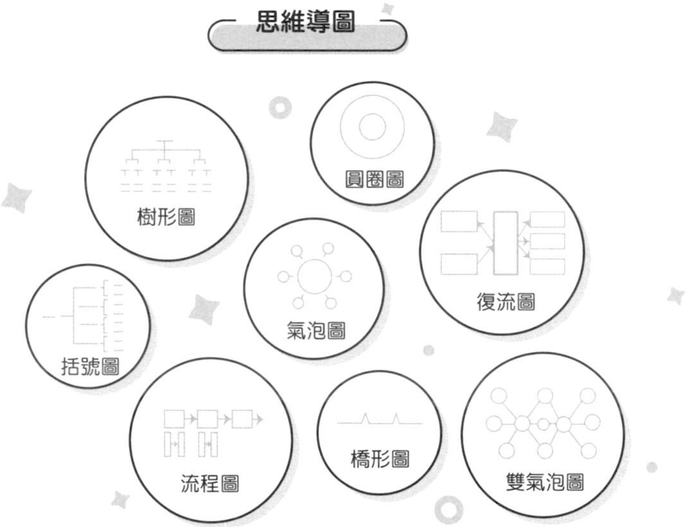

圖 4-7

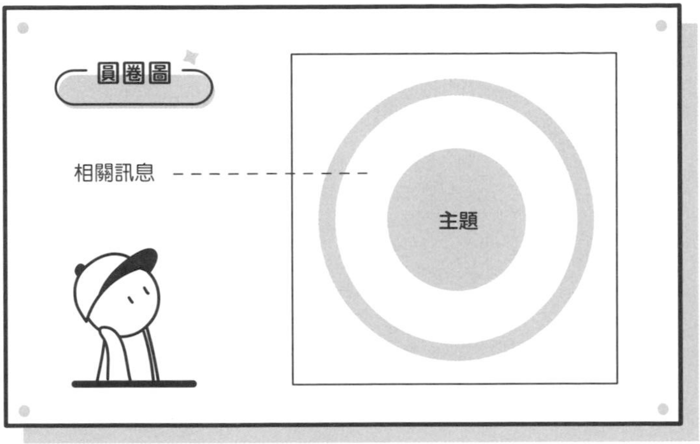
圓圈圖
相關訊息
主題

圖 4-8

媽媽唱歌
媽媽給花澆水
媽媽吃蘋果
PINK
媽媽喜歡粉色
媽媽拖地
媽媽洗衣服
媽媽跳芭蕾舞
媽媽愛畫畫

圖 4-9

圓圈圖

我們可以先從簡單的圓圈圖開始練習。圓圈圖是表達相互關係的圖形，它由兩個同心圓組成，其中小圓圈表示的是主題，大圓圈則表示和主題相關的訊息。當我們在小圓圈中寫下某個主題後，可以從這個主題進行延伸，把和這個主題相關的其他內容填入大圓圈。比如以「媽媽」為主題，圍繞「媽媽」這個詞，寫下或畫出孩子能夠想到的詞語或形象，可以是描寫整體形象氣質的詞語，如「美麗」、「大方」、「溫婉」、「幹練」等，也可以是描寫外貌、性格等具體特徵的詞語，又或者是職業、興趣愛好等。在運用這種思維模式圖形的時候，我們可以和孩子一起腦力激盪，鼓勵孩子盡可能多地記錄下他想到的詞語或形象，進行發散思維訓練。

氣泡圖

氣泡圖多用來描述事物的性質和特點。中間的氣泡用來表示主題，四周擴散的氣泡是描述主題特點的詞語或詞組。比如我們在中間寫下「動物」這個詞，以此作為主題，我們能夠想出哪些與動物特性有關的詞呢？「居住環境」、「體型」、「毛色」、「作息」等。運用氣泡圖，可以幫助孩子培養觀察力，梳理知識，分析事物特點，擴大詞彙量。在某種意義上，圓圈圖是思維的發散，而氣泡圖則代表思維的梳理和歸納。

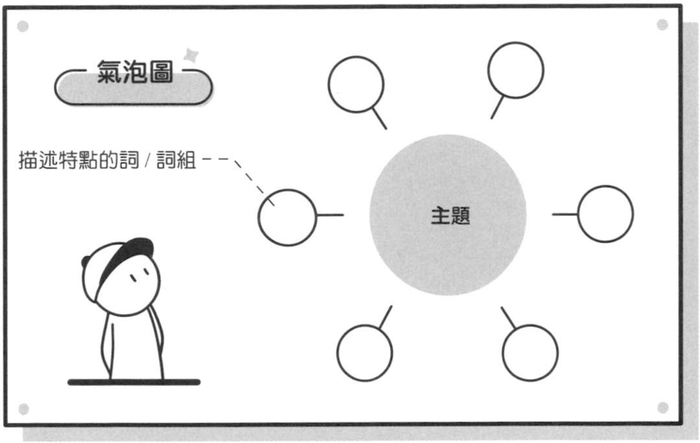

圖 4-10

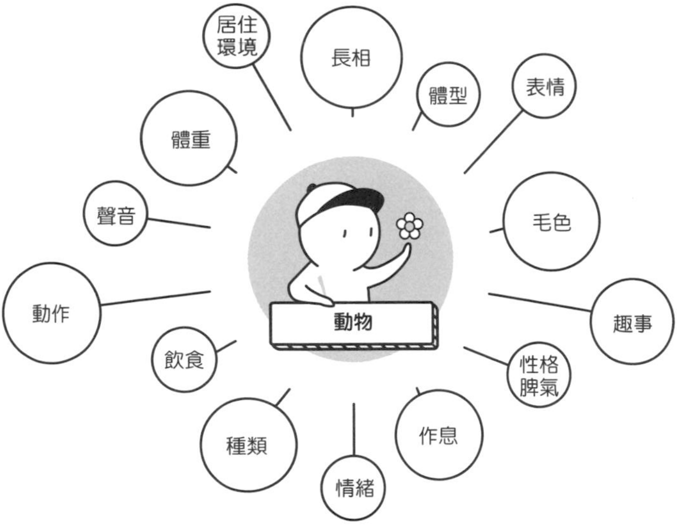

圖 4-11

流程圖

流程圖是用來表達順序和步驟的圖形，這種思維導圖在生活和學習中經常被用到。比如梳理某件事情的流程，整理某篇文章的故事情節等。例如，「蒸雞蛋的流程」就包括打雞蛋、加水、加鹽、攪拌、下鍋、小火蒸、起鍋等。運用流程圖可以清晰地將整個過程展示出來。經常進行這種訓練，可以幫助孩子形成更有邏輯性的思維方式，這樣他在面對複雜事物時，就能夠抽絲剝繭，理順步驟，而不會茫然無措，不知從哪裡開始。在學習中，流程圖可用於梳理作文情節，梳理分析解題思路和步驟。

思維導圖不是一個封閉的圖形，它可以靈活地運用於多種場景中，變化成多種形式的思維工具。不同的流程圖之間可以相互組合。

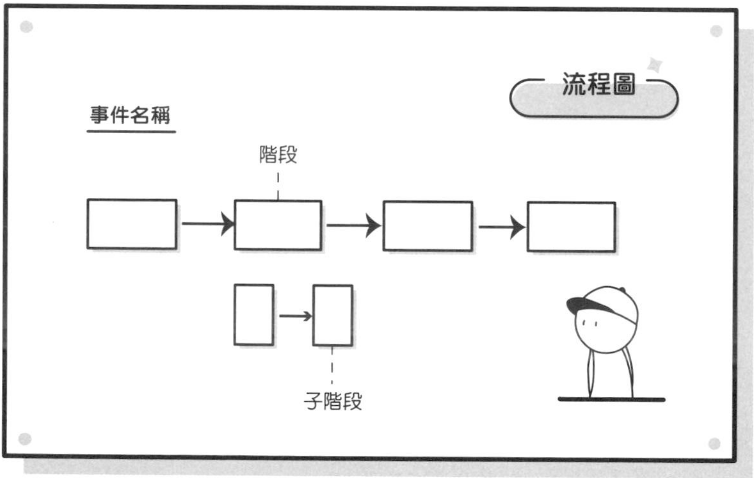

圖 4-12

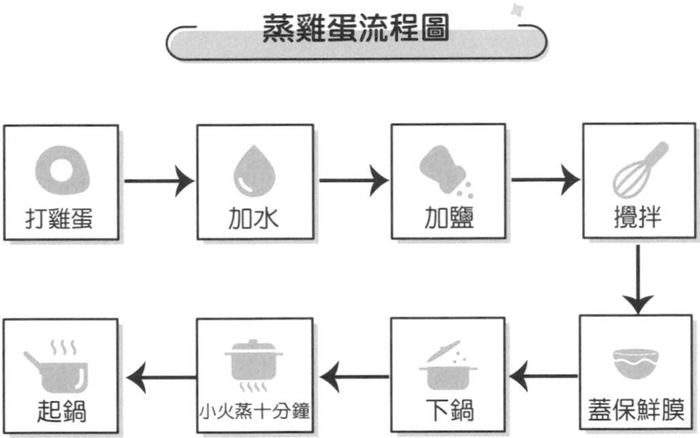
蒸雞蛋流程圖
打雞蛋
加水
加鹽
攪拌
蓋保鮮膜
下鍋
小火蒸十分鐘
起鍋

圖 4-13

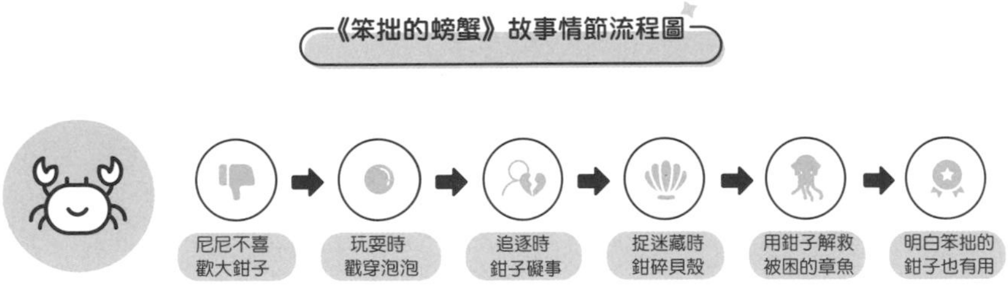
《笨拙的螃蟹》故事情節流程圖
尼尼不喜歡大鉗子
玩耍時戳穿泡泡
追逐時鉗子礙事
捉迷藏時鉗碎貝殼
用鉗子解救被困的章魚
明白笨拙的鉗子也有用

圖 4-14

✔思維訓練單：閱讀更高效，表達更豐富

孩子的國語試卷中經常會出現這樣的題目：「請總結文章的中心思想。」、「這部小說的主題是什麼？」、「作者的創作意圖是什麼？」這類題目的難度不在於理解題目表面的文字意思，而在於如何用語言對故事進行歸納和總結。應對這類題目，孩子需要具備一定的思考和推斷能力。一份主題鮮明、結構清晰的閱讀思維訓練單，可以幫助孩子將閱讀思考過程可視化，讓孩子看到思考的過程和方式，並且逐漸學會獨立思考。

根據教育部推薦的小學生必讀書目《夏洛的網》，我設計了一系列思維訓練單，大家可以一起來感受一下思維訓練對於提升孩子思維能力和閱讀能力的作用。

毛毛蟲式思維訓練單。這份訓練單的主要作用是幫助孩子一步步地抓取主題，獲得感悟。主人翁是誰？做了什麼？結果怎麼樣？你從中明白了什麼道理？這樣一步步思考拆解主題後，孩子可以更直觀地感受到夏洛的生命價值，並且順著這個架構把自己的觀點一句句組織和表達出來。同樣，我們也可以透過思維訓練單，幫助孩子理解、捕捉人物情緒，把握情節發展，在一次次的強化練習中，梳理並不斷加強從問題到答案的思考路線圖。

毛毛蟲式
主題・感悟 思維訓練單

姓名：＿＿＿＿＿＿＿＿　　　　年齡：＿＿＿＿＿＿＿＿

威爾伯勝利了，它贏得了市集上的獎金，同時獲得了繼續活下去的資格。這同時也是夏洛的勝利，因為正是它「導演」了這一切。可是，夏洛的生命就要結束了……當威爾伯向他表達感激之情時，夏洛說：「通過幫助你，也許可以提升一點我生命的價值。」那麼，我們應該怎樣評價夏洛的「人生」呢？「生命價值」又是什麼呢？

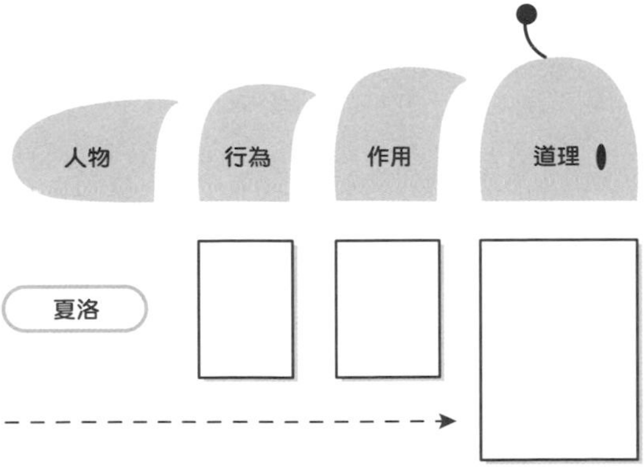

圖 4-15

魚骨頭式
人物・情緒 思維訓練單

姓名：＿＿＿＿＿＿＿＿　　年齡：＿＿＿＿＿＿＿＿

這一天，威爾伯經歷了多次不同的情緒變化，有失望、沮喪、難過、吃驚、期待、喜悅和困惑，你能發現導致這些變化的原因嗎？你覺得威爾伯最渴望的是什麼？

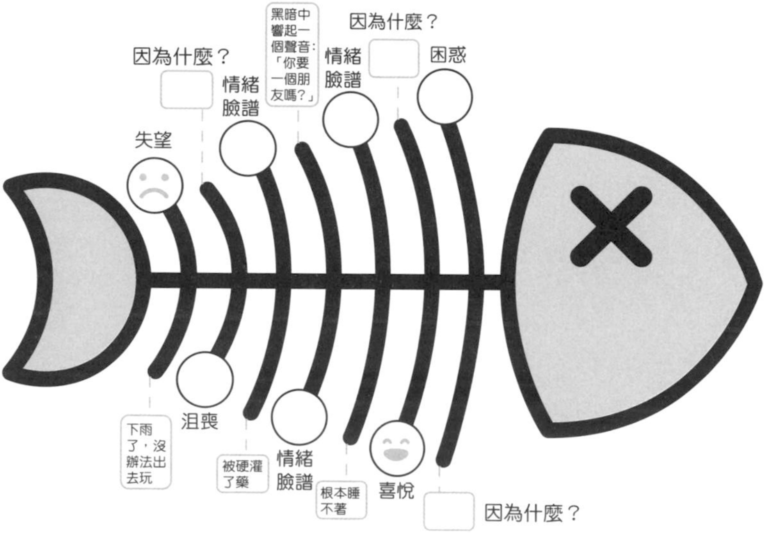

人物想要什麼：＿＿＿＿＿＿＿＿　　人物的需求得到滿足了嗎：＿＿＿＿＿＿＿＿

圖 4-16

魚骨頭式思維訓練單。讀懂故事中人物的情緒變化，是讀懂人物的關鍵。魚骨頭式思維訓練單可以幫助孩子清晰地看到威爾伯一天中的情緒變化（從失望、沮喪、難過，到吃驚、期待、喜悅，再到困惑），並找到其情緒變化的背後原因。經過多次思維可視化練習，孩子慢慢地就能學會如何在複雜的故事中捕捉人物的情緒變化，了解人物的心理，從而讀懂故事中的人物形象。

故事山式思維訓練單。「故事山」是指將故事發生過程中的節點事件按順序標在一條曲線上，這條曲線隨著故事的情節設置而起伏。它是一個幫助孩子了解故事結構的重要工具，能夠讓孩子對故事的人物、情節、事件有一個更清晰的認識。利用故事山式思維訓練單，孩子可以釐清《夏洛的網》一書的故事情節以及時間發展變化，欣賞故事跌宕起伏的情節美，感受閱讀的樂趣。

孩子最需要培養的學習力，就是學會如何主動思考，如何從工具化思維模式轉變為結構化思維模式。這也是可以透過閱讀和思維訓練教給孩子的深層能力。閱讀思維訓練單是從問題到答案、從文本閱讀到評估鑑賞的思考路線圖，它能夠直觀地、清晰地展現每個閱讀問題背後的思考路徑，讓孩子思得其法，做到知其然更知其所以然。學會閱讀方法，掌握閱讀策略，從學會讀一本書，到學會讀一類書，閱讀思維訓練單能夠有效幫助孩子在閱讀中重塑思考力。

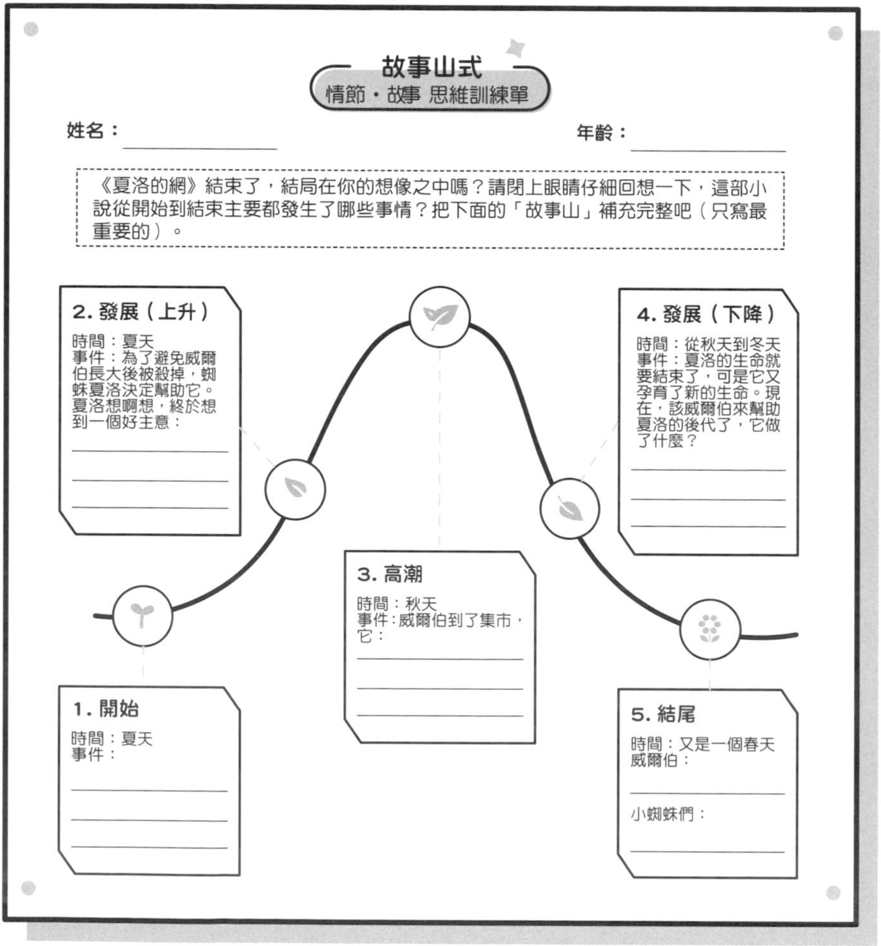
故事山式
情節・故事 思維訓練單

姓名：＿＿＿＿＿＿＿＿　　年齡：＿＿＿＿＿＿＿＿

《夏洛的網》結束了，結局在你的想像之中嗎？請閉上眼睛仔細回想一下，這部小說從開始到結束主要都發生了哪些事情？把下面的「故事山」補充完整吧（只寫最重要的）。

2. 發展（上升）
時間：夏天
事件：為了避免威爾伯長大後被殺掉，蜘蛛夏洛決定幫助它。夏洛想啊想，終於想到一個好主意：

4. 發展（下降）
時間：從秋天到冬天
事件：夏洛的生命就要結束了，可是它又孕育了新的生命。現在，該威爾伯來幫助夏洛的後代了，它做了什麼？

3. 高潮
時間：秋天
事件：威爾伯到了集市，它：

1. 開始
時間：夏天
事件：

5. 結尾
時間：又是一個春天
威爾伯：

小蜘蛛們：

圖 4-17

做「鷹架」父母：向孩子展示思考的路徑

鷹架是建高樓時的必要輔助工具，關鍵特點在於「支持」和「輔助」。教育和建築上的鷹架有異曲同工之處。家長在孩子的發展中，要逐步提供「鷹架」和線索，讓孩子在引導下，一步步向上攀登，從而成為可以獨立思考和解決問題的人。

做好孩子思維訓練的「鷹架」，需要我們在孩子的學習過程中，仔細觀察孩子存在的困惑，並及時提供助力，向孩子展示從問題到答案的思考路徑，帶領孩子拾級而上，引導孩子進行看、學、做、練，一步步地搭建起自己的思維大廈。這是一件需要耐心、講求方法的事，絕不僅是父母下一個指令這樣簡單，重要的是指明具體的路線和方法。當孩子養成獨立思考的習慣後，父母的「鷹架」角色便告一段落，

圖 4-18

可以放手讓孩子直面學習和生活了。當然，家長在做孩子思維訓練的「鷹架」時，要有一個循序漸進的過程，切忌急於求成。萬丈高樓平地起，在孩子「施工建樓」的過程中，有效的「鷹架」支持一般會經歷四個階段。在不同的階段，所用的「鷹架」策略也會有所不同。

第一階段：我做你看。家長最初對孩子進行思維訓練時，一般是由家長製作思維導圖，孩子則在旁邊觀看學習。這一階段家長會有主導示範作用，孩子更多的是被動觀摩。

第二階段：我做你幫助。這個階段，家長可以邀請孩子參與思維訓練清單的設計工作，讓孩子幫忙完成其中的一部分，比如繪製框架、選取資料。可以讓孩子逐步參與進來，熟悉思維訓練的流程。家長應及時鼓勵，讓孩子產生「這是我的事」、「我也能做到」的自我認可。

第三階段：你做我幫助。家長可以開始引導孩子在自主閱讀、學習中使用思維導圖，把自己的思考和想法有序地表達出來。這是孩子獨立思考的初級階段，因此有時還需要家長的提醒或者幫助。

第四階段：你做我看。這個階段以孩子為主導。此時，孩子已經完全可以獨立使用不同的思維導圖，進行結構化思考，並準確表達自己的觀點。此時，家長基本完成了「鷹架」的角色任務，只需平時多觀察留意孩子的學習進度和使用效果即可。

本章重要工具

思維導圖：
①圓圈圖
②氣泡圖
③流程圖

思維訓練單：
①毛毛蟲式
②魚骨頭式
③故事山式

使用場景：在國語閱讀、數學解題等方面，可以運用圓圈圖、氣泡圖、流程圖等思維導圖；利用毛毛蟲式、魚骨頭式、故事山式等思維訓練單，提升孩子的思維能力。

注意：家長在做孩子思維訓練的「鷹架」時，要有一個循序漸進的過程，切忌急於求成。幫助孩子進行思維訓練的工具和方法還有很多，大家也可以和孩子一起去摸索。

能讓孩子學到什麼：孩子可以透過思維導圖來訓練思維能力，系統地梳理所讀內容。這有助於孩子對閱讀內容進行富有創造性的思考，找到解決問題的關鍵，並提升邏輯思維能力。

本章小練習

讓孩子學習運用故事山式思維訓練單

每週讓孩子選一本自己喜歡的書，運用故事山式思維訓練單，來訓練自己的思維能力。經常這樣做，不僅能夠讓孩子欣賞到故事跌宕起伏的情節美，感受到閱讀的樂趣，還能夠不斷地提高孩子的思維能力，進而提高學習競爭力。

Part 5

學習抗逆力

仔細想一想，當面對逆境或重大變故時，你的反應如何？是怨天尤人、指責社會，還是封閉自我、自怨自艾，抑或是感到憤怒、報復他人？生活中有一種人，他們總能自己尋求出路，找到擺脫困境的方法。他們彷彿具有超能力，總是可以從一次次危機中堅持下來，隨機應變並迅速恢復情緒。我們稱他們為具有抗逆力的倖存者。抗逆力與前文中所講的四種學習力不同，它是一種在逆境中養成的獨特能力，包括抗挫折、反脆弱、抗誘惑等多種能力。這個世界充滿了挑戰，學習和成長也面臨著無數的未知，也許，我們作為父母的使命之一就是隨時幫孩子打開內心的美顏濾鏡，讓他們始終眼中有光，心中亦有光。

21 培養逆商，迎難而上

學習從來不會是一帆風順的，總會遇到各種各樣的困難和挑戰。在面對困境時，有人能夠保持樂觀的心態，積極思考解決方案而非一蹶不振或垂頭喪氣，這種能力就叫作「逆商」。我想許多家長都曾遇到過這種情況：孩子做題目時，一遇到難題就不願動筆；學才藝時，最開始熱情滿滿，但不久就擱置一邊；玩遊戲時，一旦輸了，就會難過大哭或拒不認帳……孩子每次遇到一點困難就想要逃避，對於那些有難度、有挑戰性的新活動，更是直接宣告放棄。為什麼孩子一點直面困難、應對挑戰的信心都沒有呢？到底是哪裡出了問題？這其實就是孩子逆商低的表現。

讓孩子能從學習中獲得好的感受

無論是成年人還是孩子，都會在面對困難時表現迥異。有些人可以做到制訂目標後，鍥而不捨地為目標努力，即使遇到問題，也會想盡辦法解決問題，有些人卻做不到。對於孩子來說，做到鍥而不捨尤為困難，當下的感受往往就是他們判斷一件事情的主要依據。孩子只有在感受好的時候，才願意持續地做一件事情。這種「好的感受」的累積，將形成大腦深層的記憶。這種記憶會在孩子未來遇到類似事件時，為他選擇前進或後退提供潛意識判斷。

為了讓孩子能夠從學習中獲得好的感受，在孩子學習任何新的東西時，父母需要努力給孩子營造三種感受：

安全感

在第一部分講到的需求層次中，馬斯洛指出，心理的安全感是「一種從恐懼和焦慮中脫離出來的信心、安全和自由的感覺，特別是在滿足一個人現在（和將來）各種需要時的感覺」。安全感對孩子而言特別重要，因為在一個相當長的幼年期裡，孩子需要依靠父母才能生存。因此，父母是否「靠得住」，對孩子來說是關乎生存的重要問題。孩子只有不需要為生存而擔憂，才會把精力用來追求自我發展。當孩子需要幫助時，如果父母可以站在他身後，表明自己的支持態度，將會極大地增加孩子的安全感。

設想一下，孩子學習騎單車，後輪帶有輔助輪。孩子因為轉彎太急，摔過一次跤，便不敢再獨自騎行，他要求你一定要在身後扶著單車保護他。那麼，以下幾個答案，你會怎麼選擇呢？

A. 在身後扶著孩子，騎行一段路後逐漸放手。

B. 認真地解釋：「這個輔助輪是保護你、使你不會摔倒的。你剛才摔倒只是一個意外。你大膽地再試一試，這次肯定沒問題。」

C. 「跟你說了沒事的，這裡很安全，我還能害你嗎？」

當孩子提出需要父母幫忙時，他得到的回應如果是A，那麼孩子會逐漸建立一種信心，即「不管遇到什麼難題，父母都會幫助我、支持我」。但如果孩子得到的回答經常是B，甚至是C，那麼我們站在孩子的角度上想一想，他真的會相信「當我需要幫助時，父母一定會幫助我」嗎？

講到這裡，家長可能會感到有些疑惑，這樣做會不會養成孩子凡事依靠父母的不良習慣，進而影響孩子的獨立能力呢？引導孩子做自己力所能及的事當然很重要，但這只針對孩子不需要幫助的情況，當孩子已經主動尋求幫助時，家長就不應再擺出冷漠拒絕的態度，而應嘗試介入，給孩子提供適當的幫助。當孩子能夠從家長這裡獲得足夠的安全感時，他就有了更多堅持下去的勇氣，也能重新樹立攻克難題的信心。

成就感

挫折會打擊孩子的成就感。當孩子受挫後，家長如果不能控制自己的情緒，轉而對孩子橫加指責，就會加劇孩子對於失敗的恐懼。

同事和她的兒子最近因為武術課的事情僵持不下。孩子在武術課上新學了一套拳術，但就是這套並不複雜的五步拳，孩子怎麼也打不好，不是記不住步驟，就是動作不標準。同事很著急，要求孩子勤加練習，把動作做標準，避免下次上課時考試不達標。但讓她崩潰的是，孩子不僅沒有學會，還對學武術產生了抗拒心理。現在一提到「武術」，孩子就躲躲閃閃，到了週末上武術課的時間，孩子更是會想出無數個藉口試圖逃避。

孩子的成就感在一次次的失敗中接連受挫。即使媽媽鼓勵他、陪伴他，甚至幫助他拆解拳法動作，但是媽媽焦急的表情和催促的言語仍然會給孩子傳遞一種負面訊息。很多時候，父母已經在竭力控制自己的脾氣，但是寫在臉上的不耐煩和焦慮都在告訴孩子「父母接受不了我的失敗」。背負著「失敗了父母就會不高興」的壓力，孩子的成就感被一遍遍打擊消磨，再次面對挑戰時，他就會止步不前，甚至想要放棄。

孩子受挫這件事，除了考驗孩子的抗打擊能力，也同樣考驗著父母的得失心態。遇到這種情況，家長可以轉化思維，給予孩子充分的信任和鼓勵。比如，我們可以用言語和神態，向孩子傳達一種「失敗了沒關係，堅持練習，堅持努力就好」的訊息。父母要善於發現孩子每一點小的進步，幫助他重新產生成就感。

愉悅感

孩子應當有享受情緒的權利。成功時，可以盡情表達勝利的喜悅，失敗時，也可以不懼負擔地宣洩難過。我們不妨想一想，我們是否總是在分享孩子的成功時刻，卻沒有在孩子遇到挫折時，做到接納他的情緒，並且同理他呢？很多父母一看到孩子有沮喪或生氣的情緒，就會立刻緊張起來，或想辦法轉移孩子的注意力（「別哭了，我們去玩一會兒遊戲吧」），或制止孩子（「這有什麼大不了的，你不要動不動就哭」），或安慰孩子（「沒關係，多試幾次就好了」、「你能做成這樣已經不錯了」），這些話聽起來彷彿沒有什麼問題，但是表達的時機並不合適。孩子有情緒時，任何說教都只會讓孩子覺得父母在否定自己的情緒。父母的好意反而讓孩子形成了錯誤的信念，那就是「我不能不開心」。然而，受挫時自然流露的悲傷與難過，是任何人都會有的正常情緒反應。

此時，父母的正確做法是陪伴孩子，讓他可以盡情地發洩並調整情緒。記住，切忌阻止孩子的情緒表達。我們沿用前面武術課的例子，當家長在面對怎麼也學不會的孩子時，可以試著挨著孩子坐下，讓孩子靠著自己，輕輕地拍拍他的背，溫和地說：「能夠很好地把這套拳打出來，真是不容易。我看到，你們班上很多小朋友都跟你一樣遇到了這個難題。」如果孩子沒有回應，父母可以關切地注視他、陪伴他，讓孩子把負面情緒宣洩完。等孩子完全平靜下來時，再詢問他是否想要繼續練習。

當孩子知道父母隨時都在身後支持自己，是自己的堅強後盾時，他就會有面對一切困難的勇氣；當父母能夠看淡得失時，孩子就不必背負「失敗了很糟糕」的心理負擔……長此以往，當孩子因為受挫處於情緒低谷時，他會堅信，父母會接納、包容自己，並給自己力量。這樣的孩子，在面對挫折的時候，一般都會有超高的「逆商」。

透過ABC理論教會孩子樂觀的技能

電影《當幸福來敲門》的主人翁克里斯·賈納事業不順，生活潦倒，妻子也離他而去。賈納跟五歲的兒子相依為命，經歷了破產、被房東掃地出門等一系列人生挫折。但他沒有茫然無措，就此妥協，而是越挫越勇。他帶著兒子住公共廁所，去教堂領救濟，每天帶著全部家當東奔西跑，為獲得一份工作拚盡全力。最後，他苦盡甘來，獲得了股票經紀人的工作，並創辦了自己的公司，幸福終於叩響了他的大門。

賈納身上的這種抗逆力一部分源於他樂觀的心態。很多人覺得樂觀是性格的一種，是天生的。其實不然，樂觀也是一種可以培養的技能。保持樂觀的一個核心重點是「發生了什麼事不重要，重要的是你怎麼解讀這件事」。這裡必須要講到的是心理學家亞伯·艾里斯與艾倫·貝克提出的「理性情緒行為療法ＡＢＣ理論」。

- A（adversity）代表不好的事情，可以是任何負面事件。
- B（beliefs）代表想法，即對不幸事件的看法與解釋。
- C（consequence）代表後果，即不愉快事件發生之後的感受與行為。

人們通常以為，那些看起來好像不愉快的事件A會立即且自動地產生後果C。但亞伯·艾里斯認為，是B，即人們對一件事的看法，引發了某種特定的後果。比如，當孩子考試失利時，如果他看到的是「自己答錯的題目這麼多，肯定追不上同學們了」，那麼他一定會感覺很沮喪，甚至無法打起精神來面對現實。但是，如果他看到的是「這次考試把自己不會的題目暴露出來了，可以藉此機會複習加強，下次一定能考好」，那麼他的內心就會充滿鬥志，此時失利並沒有帶給他太多的負面影響。

現在我們用ＡＢＣ理論來簡單分析一下：

A代表不好的事情：考試完畢，答錯的題目很多。

B代表想法：「我再怎麼努力也追不上其他人了」，或「原來我有這麼多知識沒有掌握，幸虧這次考試發現了」。

C代表後果：「我不想面對現實」，或「我要努力複習加強」。

我們可以看到，在這個過程中，A是事實，是恆定不變的。真正影響C的，只有B，即人們對A的看法和解讀。樂觀的人在壞事發生後，能夠給予事件積極正向的解讀。他可以透過改變B，來得到不一樣的C。這種積極解讀的能力是可以練習的。當你察覺自己對某一情形的反應是感到困擾或是驚訝，就請將不好的事件寫在一張紙上。到了晚上，花五分鐘將白天所發生的所有不好的事整理在ABC日記裡。

ABC日記分為三欄：**第一欄是不好的事件**。在這一欄裡，描述相關情形，必須盡量客觀詳盡地描述，記下人物、事件、時間、地點。注意，不要將原因寫在不好的事件中。**第二欄是想法**。在這一欄裡，記下你對不好的事件的看法，如「老師覺得我很差勁」或「我沒辦法考好」，你可以將想法與證據進行對比來評估其正確性。**第三欄是後果**。在這一欄裡，請記下不好的事件發生之後的感受，或是對不好的事件做出的任何反應以及所經歷的每一種感受。與想法不同的是，感受沒有對錯，也不能驗證其正確性。填寫時，請注意區分想法與感受，不要混淆。

填寫完每一欄之後，再檢查一遍，確定每一種感受和行為都是與你對自己的行為反應所持有的想法相關聯的。

你也許對自己的反應不滿意，那麼，我們可以透過練習來改變反應，最重要的就是要了解導致這些反應的原因，如果你每一次都可以找出能夠解釋感受和行為的合理想法，那麼你的這項練習就成功了。

當你熟悉這項練習後，你就可以把它教給孩子，並告訴孩子，他所有的感受並非無中生有，也不是由發生在他身上的事件A決定的。如果他突然覺得生氣、悲傷或是害怕，是因為某種想法B觸發了感受C。一旦他能夠找出那個想法B，他就可以改變自己的感受C。

如果孩子能夠樂觀地解讀每一件事情，那麼面對逆境，孩子自然也就能給出更積極的解讀，這便是孩子的「逆商」。每個孩子在學習過程中，都會遇到各種各樣的難題。家長也許能為孩子解決一時的問題，卻無法代替孩子承受一切。所以，家長不必傾盡全力為孩子解決一切問題，而是要學會陪孩子一起面對生活中的挫折和困難，培養孩子的逆商，讓孩子在遇到問題時能夠有更積極的心態。

本章重要工具

培養孩子「逆商」的兩個方法：

① 給予孩子好的感受，包括安全感、成就感和愉悅感。

② 透過ABC理論，改變孩子看問題的視角，讓孩子對困境的解讀更

積極。

使用場景：當孩子遭遇挫折時，要給予孩子好的感受，讓孩子能夠體會到安全感。同時，試著改變孩子看問題的視角，讓孩子能夠積極地面對困難和挫折。

注意：當孩子遭遇失敗和挫折時，要給予孩子鼓勵、信任、接納和包容，同時要教會孩子樂觀地面對事物。不要對孩子的挫敗進行嘲諷批評，這會讓孩子從內心缺乏安全感。

能讓孩子學到什麼：培養孩子積極樂觀地看待問題，提升孩子的逆商。

本章小練習

用ABC理論教孩子學習樂觀技能

當孩子遭遇失敗時，你會怎樣幫助孩子？比如，孩子學直排輪時產生怕難的情緒，總是摔跤，總是做不好跳躍、剎車等動作，你怎樣和孩子一起面對並解決這些問題呢？試著用ABC理論教會孩子樂觀的技能。此時，你可以對受挫的孩子表示信任和鼓勵。比如，用言行向孩子傳達一種「失敗了沒關係，持續練習、堅持努力就好」的訊息。

A不好的事情	B想法	C後果
考試很糟糕	B1：	C1：
	B2：	C2：
	B1：	C1：
	B2：	C2：
	B1：	C1：
	B2：	C2：

22 反脆弱，告別玻璃心

從事多年教育諮詢工作後，我發現出現心理障礙的孩子開始呈現出低齡化的趨勢。尤其近幾年，低齡孩子出現心理問題，甚至發生極端行為的新聞報導屢見不鮮。很多人認為，現在的孩子比我們以及父輩那一代更脆弱，心理承受能力更差。的確，在當前的教育環境下，我們的孩子正承受著比以往更大的競爭壓力，但類似事件並不只發生在當下，只是由於社交網路及通信技術的成熟，如今這些案例得以被更多地關注而已。這也再次讓我們警醒，孩子的心理健康教育不容忽視。相比於成年人，孩子的心理狀態不穩定，面對挫折容易表現脆弱，這是十分正常的。因為人在年幼的時候，閱歷和能力都有限，抗壓能力也會相對差一些。作為家長，在教育孩子告別脆弱之前，我們首先要和孩子一起學習正確地認識脆弱。

孩子玻璃心是因為不被理解

許多家長都有這樣的感受：孩子聽不得一點批評，哪怕有時父母只是語氣稍微嚴厲了一些，或者只是客觀地指出問題，孩子立刻就嘟起了嘴巴，眼淚汪汪，甚至崩潰發脾氣。有家長跟我反映：「感覺似乎是孩子從小太一帆風順了，沒有經歷過挫折，導致孩子的心靈太脆弱，抗壓能力差。否則實在沒辦法理解，孩子每天衣食無憂，為什麼遇到一點小事就崩潰？小到跟父母賭氣，大到離家出走，甚至自殺。是不是平時的挫折教育太少了？」挫折教育的確是現代教育中一個非常重要的環節，它是透過對孩子認知、防禦挫折以及應對、戰勝挫折方面的教育和疏導，幫助孩子增強面對挫折時的心理承受能力和從容應對挫折的行動力。

但我們需要了解的是，有時孩子的脆弱與玻璃心，並不是因為挫折經歷得少，而是因為他正在面臨無數家長都沒有察覺到的困難。這一代的孩子，與物質匱乏時期的上一代人相比，在童年以及青少年時期所經歷的挫折與困難已大不一樣，所以他們甚至無法被自己的父母家人理解。升學的壓力、人際關係的複雜已經大大消耗了孩子的生活能量，他們被要求積極開朗，被要求學習、才藝兩手抓，被要求向別人家的孩子看齊，他們內心真正的聲音漸漸被這些淹沒。父母無法感同身受，也因此容易失去傾聽和了解孩子的機會。

父母焦慮帶動孩子內捲

心理教育專家陳默老師有一個關於三個籠子的比喻：三個籠子裡各關著一隻老鼠，在第一個籠子裡，老鼠只要踩一下門，門打開後就會有一份食物送進來。於是，老鼠發現規律後會一直踩門。在第二個籠子裡，老鼠只要踩了門，就會被電擊一次。此時，以老鼠的智力，它就會停止踩門，以避免遭受電擊。而在第三個籠子裡，老鼠踩一下門，就會出現一份食物，再踩一下門，就會被電擊。此時，老鼠就陷入兩難了，踩也許沒有食物，卻有可能遭受電擊。但是一直不踩，雖然不會被電擊，但也不會有食物。最後，老鼠會在糾結中一直止步不前。陳默老師認為，現在的孩子就生在「第三個籠子」裡。

孩子出生後，父母給予孩子的愛與照顧就如同籠中的食物，而父母帶給孩子的壓力則彷彿電擊。父母總是希望孩子能夠成功，於是不斷推動孩子向前，不允許也不能接受孩子有一點點的失敗。但實際上，真正的成功者身上的一個典型特質就是不怕輸，也輸得起。想要成功卻缺失了對成功品質和意志的培養，孩子便像那隻活在「第三個籠子」裡的小老鼠一樣，舉步維艱。千禧一代的孩子，這樣的現象更加多見。這是因為身為父母的我們，比六、七〇年代那一輩的父母更加焦慮。在我們小的時候，每天放學後的時光是自由快樂的，父母極少輔導作業，也沒有名目繁多的才藝班、補習班。我們的成長更多時候是順其自然，而非人工干預。

而到了我們做家長的時候，現實卻變成「想要成為一個普通人都很難」的狀況，很多人要用比原先多幾倍的努力才能勉強過上體面的生活。所以，這一代的父母在自己奮鬥之餘，也在潛意識裡將希望寄託到了孩子身上，希望他們能更加努力，改變命運，也極其害怕孩子會一步踏錯，處處落後。當父母長期處於這種緊張焦慮的狀態中時，就會不自覺地把這種情緒投射給孩子，讓孩子無時無刻不處於一種持續的壓力狀態中。孩子被父母的焦慮帶動之後，就會開始自我內捲。具體表現為，做事慌張焦慮，面對挫折逐漸情緒化，不能接受自己表現平平或失敗等。

與上一代的父母相比，我們確實能給孩子提供更好的物質生活，但同時，我們也給孩子帶來了更多的隱形壓力。對孩子而言，一直生活在這樣的環境裡，無異於如履薄冰。得失心被無限放大，加重了孩子脆弱感的同時，也毀掉了孩子向上拚搏的信心。

✔從小事著手，幫助孩子變得強大

想讓孩子告別脆弱，學會堅強，家長需要改變對孩子的教養方式，察覺自己日常生活中的不當行為，學會正確地引導孩子。以下幾點建議或許可以幫到你。

掌握好好說話的技巧

隨著年齡的增長，孩子會更善於捕捉父母言語中的負面情緒。這個時候，你需要格外注意自己的說話方式。

我女兒小時候學古箏，有時候認譜認錯了，就一直在彈錯誤的音。我們聽了就會責備她說：「妳看譜子太不認真，這裡彈錯了妳沒發現嗎？好好看一下，一遍兩遍都錯可不行。」雖然女兒接下來會改正錯誤，但是能明顯地看出來她有了情緒，噘著嘴巴，手上也開始不自覺地用力。如果我們再多說上幾遍，她就會不彈了。

後來我們調整了方法，孩子彈古箏的時候，如果出現錯誤，我們先不去指責，而是嘗試用溫和鼓勵的語氣跟女兒說：「這首曲子，絕大部分都沒問題了，非常好。只有這裡，我覺得有一個小小的錯誤，妳看看我說得對不對？」當我們這麼說的時候，女兒完全沒有不開心，反而會馬上更正錯誤，並且自豪地說：「就是這裡，搞定。」接下來我們也會立刻肯定她的做法：「對的，就是這樣，非常好。」當我們轉換一種說話方式之後，會發現不僅順利解決了孩子的問題，而且孩子也沒有被這件事可能產生的負面情緒波及。

同樣是指出孩子的錯誤，家長一定要察覺到自己內心的焦慮，避免帶著焦慮的情緒指責孩子。這裡建議大家分成三步去做：

第一步：肯定孩子的優點。首先，找出孩子的優點，肯定孩子做得好的一方面。切記，一定要是孩子真實存在的、具體的優點，而不是用空話、假話敷衍孩子。

第二步：指出孩子具體的小錯誤。要客觀地描述事實，而不是評價孩子或指責孩子。

第三步：當孩子改正後，及時回應並肯定孩子，讓孩子更有成就感。

讓孩子知道，做不好也是可以接受的

「失敗了也沒關係」和「你這麼努力，肯定能成功」這兩句話，大家說得多的是哪一句呢？我想可能後者居多。雖然我們都知道，學習接受失敗也是人生中的重要一課，但在真正面對一些事情時，我們又很難以如此坦然的態度對自己、對他人說一句「失敗了也沒關係」。我經常回想起我女兒小時候發生的一件事。在此之前，我一向認為自己是一個能夠時刻給孩子賦能的好媽媽。但是那件事讓我知道，其實我也曾在無意中給女兒帶來了很大的壓力。

女兒小時候很喜歡跳舞，但是由於柔軟度不是很好，許多技巧動作她都做不到位。有一次，她所在的少年宮在排練一支舞蹈，舞蹈老師因為很喜歡她，就讓她領跳。但其中有一個劈叉起跳的動作，她總是跳不好。她開始懷疑自己，於是我鼓勵她：「妳已經非常努力地在練習了。我看到妳這個動作已經比昨天做得好了。我相信妳，只要持續練習，妳就能跳得很好。」女兒聽完我的話，卻突然哭了起來。很久之後，她抬起頭問我：「媽媽，如果我怎麼練習也跳不好呢？」那個瞬間，我差點脫口而出的話竟是「怎麼會呢」。那個瞬間我才發現，原來我比孩子更加「玻璃心」，是我承受不了她怎麼練習也跳不好的結果，是我不能接受她的「失敗」。

後來我對女兒說：「這個世界上有很多事，妳雖然努力了，但是未必就能做到。我之所以讓妳努力練習，是希望即使妳還是沒有跳好，妳也不會遺憾。妳可以說，『我努力了，我不後悔』。」我女兒一直到現在，劈叉起跳依然做不好，但她並沒有因為沒跳好那支舞蹈就懷疑自己。人生原本就不是由一支舞蹈、一次成績、一所學校決定的。現在，不管是我還是她，都能夠坦然地接受這件事了。平時她也還會自己跳跳舞，只是不做技巧動作罷了。

所以你看，當孩子反覆努力都做不到或者做不好某件事情的時候，對孩子說「沒關係，做不到也可以」，比「你一定做得到」更能幫助到孩子。

引導孩子反駁進入腦海中的消極想法

有些時候，父母本身可能做得很好，但是孩子受其他人和事的影響，會產生一些消極的想法，將一些不那麼好的事情看成災難。這類事情一旦發生，他們立刻就會想到可能發生的最壞結果。比如當孩子考試失利時，第一時間跳入孩子腦海中的想法可能是「我沒有考出理想的分數，我以後去不了理想的大學了」。這個時候，他會迅速展開一系列負面聯想，例如「完了，一切都完了」、「我的命運注定不會好了」、「這對我的家庭來說是個災難，我無法面對」。而這些想法很有可能就這麼影響了他人生中的其他重要決策。很顯然這些想法並不正確，他卻深陷其中，不會去思考反駁。

這個時候，家長需要引導孩子去反駁進入孩子腦海中的這些消極想法。你可以問孩子以下三個問題：

- 可能發生的最壞情況是什麼？
- 可能發生的最好情況是什麼？
- 最可能發生的情況是什麼？

在《教出樂觀的孩子》這本書裡，有兩個孩子分別與老師的對話，也許會對我們教育孩子有所啟發。我們可以從中看到，兩個人對「接下來會發生什麼事」的兩種截然不同的應對方法與結果。

格雷格和C+：

亨利：格雷格，一切都好嗎？
格雷格：糟透了，我剛拿到英文課的試卷，我得了個C+。
亨利：噢，那是不太好。不過也不算太壞，你下一次就會考好一點。
格雷格：你開什麼玩笑？你說不算太壞是什麼意思？一個C+，你知道那是什麼意思嗎？
亨利：不知道，是什麼呢？
格雷格：那就是說我不可能在英文這個科目拿到A。如果我沒有拿到A，就意味著我拿不到榮譽獎。如果我沒有拿到榮譽獎，就意味著我無法加入榮譽會。如果我不能加入榮譽會，我也就別想到普林斯頓大學去，而我是非得到普林斯頓大學去念書的。
亨利：你在說什麼呀？只是一個C+而已，如果你其他考試都很好的話，還是可以得到A的。老天啊，放輕鬆點。你現在幹嘛想到上大學的事呢？你才十三歲啊！
格雷格：算了吧！你不會懂的，我完蛋了，沒有前途了。

霍莉和C+：

漢娜：嗨！霍莉，一切都好嗎？
霍莉：糟透了，我剛才拿到英文課的試卷，我得了個C+。

漢娜：噢，那是不太好，不過也不算太差。妳下一次就會考好一點。

霍莉：妳開什麼玩笑？妳說不算太壞是什麼意思呢？一個C+，妳知道那是什麼意思嗎？

漢娜：不知道，是什麼呢？

霍莉：那就是說我的英文不能得到A。如果我拿不到A，就不能得到榮譽獎。如果沒有榮譽獎，就不能參加榮譽會。如果我不能參加榮譽會，就別想上普林斯頓大學，而我是一定要去普林斯頓念書的。

漢娜：妳在說些什麼呀？只是一個C+而已。如果妳的其他考試都很好的話，還是可以拿到A的。老天啊，放輕鬆點。妳現在幹嘛想到上大學的事呢？妳才十三歲啊！

霍莉：對喔，我想妳說得對。我反應過度了一點，是不是？我想一個C+並不意味著我一輩子就完蛋了。也許我太誇張了一點，不過要得到A是有些困難，我必須更加努力。如果我在剩下的學期裡用功努力，我可以把分數拉高到B+，甚至A-。我的其他科目都還不錯，如果我很用功的話，我還是可以拿到榮譽獎的。謝謝妳了，漢娜。

當霍莉發覺自己腦海中出現消極想法後，就立刻讓自己平靜下來了。她意識到自己的認識是不對的，一個C+遠遠不會讓她的大學美夢破滅。她將注意力集中在更實際的結果上，並且開始制訂反攻計畫。

這才是我們應該引導孩子學會的技能。

本章重要工具

三個幫助孩子內心變強大的小方法：

① 掌握好好說話的技巧

② 讓孩子知道，做不好也是可以接受的

③ 引導孩子反駁進入腦海中的消極想法

使用場景：當孩子玻璃心時，運用上述方法，讓他了解一次失敗並不能決定什麼，要正確地看待失敗，從中吸取教訓。

注意：要肯定孩子的優點，切忌敷衍孩子。不要帶著情緒評價孩子。當孩子改正錯誤後，要及時給予肯定和鼓勵。最重要的是，放下我們自己內心的焦慮和期待。

能讓孩子學到什麼：讓孩子能夠正確地對待失敗和挫折，引導孩子反駁進入腦海中的消極想法。讓孩子在遇到困難的時候，能始終找到積極成長的動力。

本章小練習

幫助孩子改變玻璃心

如果孩子學某一樣東西怎麼也學不會（比如游泳、彈奏一首曲子、跳繩等），感到很失敗，可以運用書中介紹的三個小方法，幫助孩子樹立信心，正確對待困難，克服怕難的情緒和挫敗感。要注意，不要帶著情緒指責孩子，也不要評價孩子，而是要肯定孩子做得好的一面。當孩子取得一定的進步時，要給予孩子鼓勵和肯定。把你想說的話寫出來，反覆練習，這樣能更好地去幫助孩子。透過練習，你會發現你跟孩子溝通的技能正在逐步提升。

事件	好好說話鼓勵孩子	讓孩子知道失敗是可以的	引導孩子反駁腦海中的消極想法
學不會游泳			

23 抗虛擬感，豐富現實體驗

如今，電腦、手機已經開始代替父母、學校，成為孩子認識世界的「早期窗口」。透過圖畫、聲音、影片和模擬場面，孩子可以進入一個全新的神奇世界。研究發現，電子產品在帶給孩子學習便利、增強形象體驗的同時，也導致孩子對其產生過度依賴，甚至由此引發親子衝突和學習危機。然而，即使家長再擔心，也無法杜絕孩子跟電子產品的接觸，因為電子產品已經完全融入我們的日常生活：學校的家庭作業，需要用手機查看；線上教學課程，需要用電腦完成；孩子的學習資料，也常常需要在網路上查找……工具無利弊，關鍵是如何正確地使用電子產品，這需要我們了解孩子沉迷電子產品的原因，並且有針對性地採取措施。

讓孩子沉迷電子產品的四大因素

進入智能時代，很多家庭在電子螢幕上花費了比以前更多的時間。《兒童藍皮書：中國兒童發展報告（2019）》顯示，無論是在上學日還是週末，兒童對於電子產品的使用時間都位列其校外時間分配中的前三名。兒童在上學日平均每天使用電子產品的時長為四三．二四分鐘，在週末使用電子產品的時間平均為九六．二七分鐘。對孩子來說，他們使用電子產品時最關注也最容易沉迷其中的內容無疑是網路遊戲和動畫片。實際上，對於網路遊戲、動畫片等的依賴並不是手機出現後才有的，電子產品只是加劇了這一現象。真正讓人上癮的原因，主要在於以下四個因素。

趣味性。趣味性是指某種事物能夠使人感到愉快、引起人們興趣的特性。所有遊戲生產商都會不遺餘力地在趣味性上下功夫，豐富的玩法設置、精美的畫面情節、順暢的遊戲體驗……這就是為什麼網路遊戲比其他網上行為更能獲得玩家的依賴和迷戀。除了那些極為了解孩子心理的家長，絕大部分家長都很難阻止遊戲在趣味性上對孩子的誘惑，因為這需要孩子付出極大的意志力。

代入感。代入感是指小說、影視作品或者遊戲中，透過巧妙的情節設置讓受眾產生一種自己成了其中一個人物的一種身臨其境的感覺。研究發現，親子關係可以影響孩子在遊戲中的代入感。那些親子關係良好的家庭，孩子在日常生活中，大部分時間是被關注、被欣賞、被認可的。也就是說，當孩子能夠在真實的家庭生活中獲得充分的存在感與價值感時，就不會過分迷戀於從遊戲中獲得的虛擬體驗。事實表明，大部分對網路遊戲上癮的孩子，大多存在著不同程度的親子關係問題。因此，改善和優化親子關係，是幫助孩子擺脫對電子產品依賴的第一步。

成就感。前文提到過，成就感是指人們做完或者在做一件事情時，對自己所做的事情感到愉快或成功的感覺。成就感是人的基本需求之一，高成就感有助於激發個體的進取精神，保持和提升人們面對工作、生活時的內在動力。也許你會發現，作為成人，如果我們工作受阻，經常被主管批評，那麼我們玩遊戲或者看劇的時間就會增加。這是一種逃避性或報復性舉措。但如果這段時間受到了賞識，工作成就感滿滿，那麼我們就會更願意繼續投身工作，對遊戲的興趣也會隨之下降。真實交往中的社會成就感能夠在很大程度上抵消虛擬網路帶來的虛擬成就感，這是因為虛擬成就感需要依託網路存在，離開網路就會慢慢消失衰退。當孩子熱衷於從遊戲中尋找成就感時，這代表在現實世界中，孩子的成就感是明顯缺失的。所以，幫助孩子充分體會現實成就感，是改變孩子對電子產品依賴的重要一環。

社交性。虛擬網路影響孩子的另一個因素，是它給孩子提供了獨特的社交空間。網路傳播的交互性讓用戶可以無限制地擴展自己的社交群和社交管道。借助社交網路，孩子更容易獲得歸屬感，得到群體認同。然而，網路之中魚龍混雜，部分平台缺乏監管，不利於未成年人的身心健康發展。因此，家長應提醒孩子警惕網上的不良群體，引導孩子加強與同學、老師、親友之間的聯繫，幫助孩子在現實生活中找到適合自己的群體，這也是讓孩子擺脫電子產品依賴的重要一步。

適度放手，合理使用電子產品

現代人對電子產品的依賴超乎我們的想像。只需想一想，我們一旦出門忘記帶手機，就會感覺被社會拋棄了。從交通出行、飲食購物到辦公學習、日常溝通，手機好像已經貫穿了我們生活的每一個環節。因此，在面對孩子使用電子產品這件事上，家長們應放平心態，不必一味地杜絕限制，將電子產品視作洪水猛獸，而是需要幫助孩子學會合理地使用電子產品，同時構建實際生活中的代入感、成就感與趣味性、社交性，減輕他們對電子產品的依賴。事實證明，當家長能夠學會適度放手時，孩子不但不會因為沉迷電子產品而荒廢學業，還會因為運用得當，使得學習流程簡潔化，提升了學習效率。要做到適度放手，可以運用以下三個方法。

直接求助法

看電子產品時間過長或者方式不對，都會對孩子的學習以及視力產生影響。然而，完全禁止孩子接觸電子產品也並不實際，過度干涉還極有可能引發孩子的叛逆心理。如何平衡現實與虛擬、遊戲與學習，對於父母來講始終是一個棘手問題，但現在我們可以把這個問題拋回給孩子，將決定的主動權交給孩子。

比如，你可以試著告訴孩子自己的擔憂，並且向孩子求助，向他詢問解決問題的方法。「寶貝，媽媽需要你的幫助。媽媽並不反對你玩手機，手機裡很多好玩的遊戲，媽媽有時候也很喜歡玩。但媽媽擔心你沒辦法控制時間，影響學習，並且經常玩遊戲還會影響視力。你有沒有什麼好的辦法，可以既能玩手機放鬆一下，又能保證不耽誤學習，同時還能保護好眼睛呢？」在進行直接求助時，家長們必須注意兩個重點：

1. 同理。家長向孩子表達自己的感受和擔憂，表明雙方站在同一立場，而不是彼此敵對。不要對孩子的行為進行評價或批評，避免引起孩子的叛逆心理。

2. 共同解決。家長帶領孩子一起腦力激盪，思考解決方法，而不要自己預設解決方案。首先聽聽孩子的想法，最後和孩子一起選擇執行腦力激盪出來的解決方案，並及時進行調整。這樣孩子會更願意遵守自己想出來的規則，而不是聽從父母的安排。

優質篩選法

「玩手機或者電腦會讓孩子分心，無法學習」，這其實是對電子產品的一種誤解。網路的普及讓人們可以更加方便地獲得各種資訊，也讓更多孩子有機會接觸到優質的教育資源，如各大在線公開課網站、學習軟體等。

為了讓孩子更好地利用手機或電腦等電子產品和網路教育資源，家長可以採用

「優質篩選法」。首先和孩子討論，他對哪些東西感興趣，如科普、娛樂、遊戲等，以及哪些技能是他想要提升的，如英文口語、閱讀、繪畫、圍棋等。接下來，家長可以結合孩子的興趣以及需要提升的技能，和孩子一起從中優選一些資源，並幫助孩子下載到電子產品上。這樣就能使孩子在使用電子產品時，依然能夠接觸到一些有趣、有用、有益的內容，從而激發孩子的學習興趣，提升孩子的學習能力。

家長在使用這個方法時需要注意，不要一次給孩子選擇太多的內容，最好可以在一段時間內僅專注一、兩個項目，否則內容太多，無法有效吸收，還會延長孩子對電子產品的接觸時間，導致學習時間分配不均。

共同興趣法

一些觀點認為，電子產品會讓父母和孩子產生隔閡，親子關係日漸疏遠。其實，只要你保持開放的心態，願意談論和接納孩子喜歡的電子產品和網路遊戲，你會發現，孩子其實很樂意與你分享他的感受。

我的一個朋友每天都會抽十幾分鐘和兒子一起玩短片。孩子喜歡舞蹈，媽媽就和孩子合拍一些跳舞的影片，上傳到平台上後還得到了很多粉絲的留言鼓勵。在獲得了許多人的熱心關注後，原本只是熱衷於短片的孩子，還激發出了新的興趣。於是每天晚上的這十幾分鐘，不再是單純地看影片，而是變為了親子互動和興趣培養。

這個媽媽用的教育方法就是「共同興趣法」。當家長能夠培養和孩子的共同興趣時，即使是運用電子產品，也依然能夠和孩子保持良好溝通。所以，如果能夠正確地使用手機、電腦等電子產品，不但不會傷害到孩子，還能增強對孩子的智力，以及非智力因素，如意志、動機、性格、態度等的培養。

「適度放手」首先需要家長從心理上打破這種「電子產品就一定有害」的偏見。技術與工具本身是中性的，沒有好壞。只要你能夠教會孩子正確地使用電子產品，就能夠發揮電子產品的正向作用，激發孩子的學習和探究慾望。

有限的螢幕時間

家長在幫助孩子建立正確使用電子產品的規則時，應注意以下幾點：

- 堅持原則。當孩子用各種形式反抗時，你需要態度和善而又堅定地堅持原則。
- 達成協議。就看電視、玩電子遊戲、玩手機、上網等，和孩子達成一個雙方都能接受的協議，允許孩子表達自己的感受。
- 公開區域。盡量讓孩子將電腦等電子產品放在書房或者客廳等公共空間，而不是放在自己的房間裡。
- 健康界限。限制時間不是完全杜絕孩子接觸電子產品，為孩子制訂健康界限。
- 替代方式。請家人和孩子一起，用腦力激盪的方式，找到有趣的替代活動，安排親子或孩子自己的「特殊時光」。安排避免使用螢幕的其他娛樂活動是限制螢

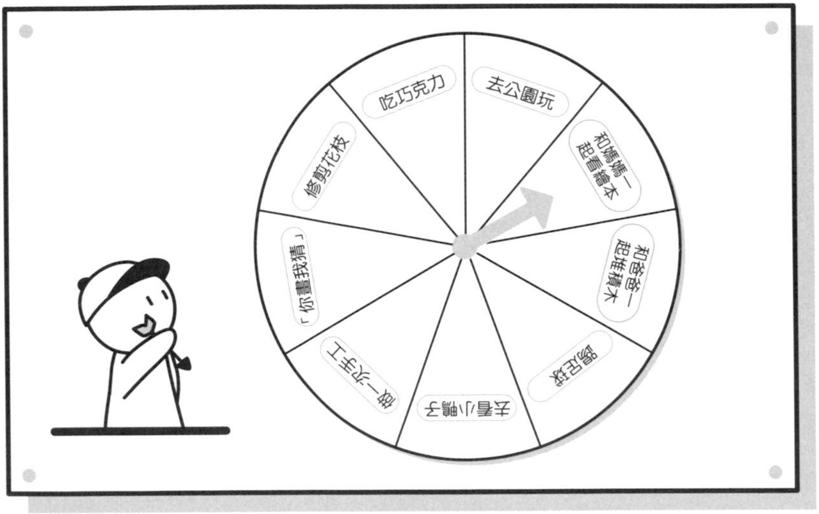

圖 5-1

幕時間的最佳方式之一。此時，可以運用「選擇輪」工具（見圖 5-1）。

●以身作則。行大於言，家長需要以身作則，不要沉迷於虛擬世界之中，因為孩子往往會透過模仿家長的行為來學習。

二〇〇〇年、二〇一〇年後出生的孩子們，從出生開始，身邊就充斥著手機、電腦等一系列電子產品，他們是網路的原住民。這一代孩子的特徵是，在虛擬的世界裡體會真實感，在真實的世界裡卻有著虛擬感。網路模糊了現實與虛擬的邊界，它在提供便利的同時也讓人們陷入桎梏。想要減輕網路帶給孩子的虛擬感，家長可以從現實入手，豐富孩子的現實體驗。同時，家長也不必一味禁止孩子使用電子產品，學會適度放手，採用「直接求助法」、「優質篩選法」、「共同興趣法」，讓孩子在對電子產品的使用中感受到有趣、有用、有益，讓電子產品成為提高孩子學習力的助力。與孩子設定有限的螢幕時間，防止孩子沉迷於電子產品。

本章重要工具

讓孩子不再迷戀電子產品的兩個方法

① 適度放手：
- 直接求助法
- 優質篩選法
- 共同興趣法

② 有限的螢幕時間：
- 堅持原則
- 達成協議
- 公開區域
- 健康界限
- 替代方式

● 以身作則

使用場景：當孩子沉迷於電子產品之中時，運用「適度放手」和「有限的螢幕時間」的方法來引導孩子正確地使用電子產品。

注意：不要強行沒收孩子的手機，而是跟孩子一起利用好手機裡的資源。跟孩子一起約定好使用電子產品的規則。家長要以身作則，不要沉迷於電子產品。

能讓孩子學到什麼：讓孩子正確地運用電子產品進行學習，培養孩子自主學習的能力。

本章小練習

教孩子正確地使用電子產品

運用本章中提到的教育方法引導孩子正確地使用電子產品。比如，運用共同興趣法和優質篩選法，幫孩子培養興趣愛好，從網路上下載適合孩子的有用知識，讓孩子在正確使用電子產品的同時，培養自主學習能力。在引導孩子使用電子產品的過程中，家長要以身作則，與孩子一起遵守有限的螢幕時間約定，在選擇學習內容和安排學習時間時，要尊重孩子的選擇。建議你跟孩子一起擬定一份「家庭電子產品使用管理協議」，全家人一起遵守執行，還可以請孩子來擔任監督員。

24

告別低效勤奮，掌握學習金字塔

「書山有路勤為徑，學海無涯苦作舟」、「吃得苦中苦，方為人上人」，許多人都覺得，只要孩子付出了努力和時間，就應該收穫好的學習成果。然而，並不是所有勤奮的孩子都能取得優異的成績。那些付出了時間、精力但是收效甚微的孩子，其實是掉進了「低效勤奮」的陷阱。很多家長經常掛在嘴邊的一句話是「你不會沒關係，但是你不能態度不好，不努力」。父母本意是希望孩子端正學習態度，卻向孩子傳遞了一種錯誤的「低效勤奮」的觀念。孩子從父母這句話中解讀出來的訊息是，「我只要坐在書桌前就是認真學習，至於效果怎樣，並不重要」。學習沒有捷徑，要想取得好成績，孩子要付出相應的努力，而努力的目的是產生效果，而非消耗時間。

孩子可能只是在表演勤奮

一九四六年，美國教育學家艾德格．戴爾首次提出「學習金字塔」理論。他用數字形式具體地顯示了，不同的學習方式下，學習者在兩週以後的學習內容平均留存率。

第一種，聽講，即老師授課，學生聽課配合記筆記。這種學習方式位於塔尖，是我們最常用的學習方式，但是它的效果是最差的，兩週以後學習內容在孩子的腦海裡只留下了5%。

第二種，閱讀。透過閱讀方式學到的內容，可以保留10%。

第三種，視聽。用聲音、圖片等視聽方式學到的內容，可以保留20%。

第四種，演示。採用演示、示範的學習方式，可以記住30%。

第五種，討論。透過和人討論，可以記住50%的內容。

第六種，實踐。透過實際演練的方式學習，可保留下來的內容達到75%。

第七種，教授給他人。將內容轉述或教給其他人，可以記住90%的學習內容。

這種學習方式位於金字塔的基座位置，是最有效的留存知識的方式。

從圖片上我們可以看到，學習效果在30%及以下的幾種傳統方式，都屬於個人

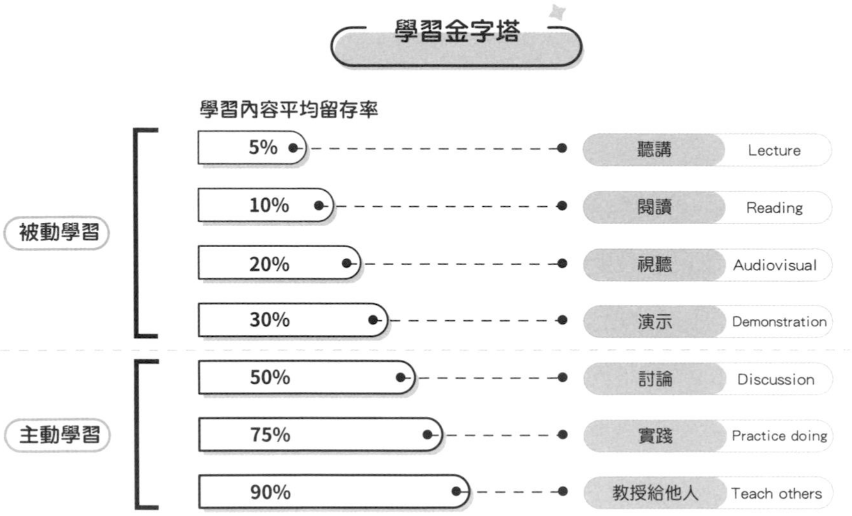

圖 5-2

學習（接受式學習）或被動學習；而學習效果在50%及以上的，則是主動學習和體驗式（參與式）學習。相比被動學習，主動學習更有效率，因為主動學習能夠進一步激發孩子的學習興趣，讓孩子自發地尋找各種方式，持續關注和探究相關知識，讓自己的能力獲得提升。而體驗式學習旨在透過真實或類真實情境的體驗，使個體獲得知識，產生情感、態度或價值觀上的變化。大量教育研究表明，體驗式學習比接受式學習獲得的記憶更為豐富和全面，且更容易激發孩子們的好奇心和探索慾。

如果把孩子的學習方式按照學習金字塔來分層的話，有三個層次。

第一層：輸入。聽講、閱讀和視聽，這三個階段的學習都屬於第一層，也就是「輸入」的部分。在這一部分，孩子僅僅是單純地接受外界給予的知識，沒有進行任何訊息處理和轉化，屬於被動記憶，學習效果並不明顯。由於缺少對知識的處理和輸出，即使孩子花了很多時間和精力，能留下的也只有最多20%的被動記憶，基本上屬於無效學習。

第二層：消化或者叫知識加工處理。演示和討論都是實操方式，同處第二層，屬於「消化」的部分。在這一部分，孩子的大腦會對接收到的知識進行加工處理，並對知識結構、邏輯進行獨立思考和辨析，最終在與他人的溝通交流中消化所學內容。透過這一階段學到的內容，兩週以後的留存率最高為50%。

第三層：輸出。實踐和教授他人，屬於「輸出」的部分。如果你能夠進行實踐，就說明你對知識已經理解得非常透徹了。透過這個方式學習的孩子，兩週以後的知識留存率能達到75%以上。特別是第七種方式，如果孩子能夠把所學知識用自己的語言教授給別人，甚至加入自己的學習心得，有了更細緻深入的理解，那麼這樣的學習效果就接近100%的消化吸收了。

✔用學習金字塔原理去學習

在學習運用學習金字塔原理之前，我們先來看一個小故事。

小木和小高受雇於同一位老闆。一段時間後，小高升職加薪，小木卻沒有，於是小木去找老闆理論。老闆對小木說：「你幫我到市集上調查一下，看看今天早上有沒有人賣馬鈴薯，然後我再告訴你答案。」不一會兒，小木從市集回來向老闆匯報：「只有一個農民拉了一車馬鈴薯在賣。」老闆問：「那個農民帶了多少馬鈴薯？」小木不知道，於是又趕緊跑到市集上調查，回來告訴老闆：「一共四十袋馬鈴薯。」老闆又問他：「價格呢？」小木說：「您沒有叫我打聽價格啊。」

老闆這時把小高叫來，吩咐他去做同一件事。小高回來後向老闆匯報：「今天市集上只有一個農民在賣馬鈴薯，一共四十袋，價格是每斤二．五角。我看了一下，這些的質量不錯，價格也便宜。根據我們以往的銷量，四十袋馬鈴薯在一個星期左右就可以全部賣掉，一定能賺錢。」

小木失敗的原因在於他思考和解決問題的方式存在問題。實際上，他並沒有偷懶敷衍，甚至還比小高花費了更多的時間、精力，但因為他習慣了被動解決問題，缺乏主動思考的能力，所以他的工作效率低，沒有得到老闆的認可。大家想一想，這是不是很像我們身邊那種很勤奮，但是學習成績並不是很好的孩子？如果孩子一直保持著這樣的習慣，未來在職場中也會遇到與小木相同的問題。因此，我們需要教給孩子高效的學習方式，不僅是為了解決他當前的學習問題，也是希望他能從中蓄積力量，更好地面對未來的工作和生活。

那麼，孩子在實際生活當中要怎樣做，才能擺脫低效勤奮呢？下面我們透過一個情境練習，幫助大家了解如何應用學習金字塔原理。

一年級的軒軒在課堂上學習了一篇新課文。晚上回家後，軒軒完成了老師要求的家庭作業，將課文讀了三遍，並抄寫了不認識的字詞。兩週後，媽媽詢問軒軒：「兩個星期以前，你們學了一篇課文〈吃水不忘挖井人〉，都在講什麼？」軒軒說：「學了很多生字，回家抄寫生字了。」媽媽繼續問：「那麼這篇課文講的是什麼故事呢？」軒軒卻一臉茫然：「不知道。」

這時，家長應該如何做？

結合上文內容，我們知道聽講、讀課文和抄生字是一種機械被動的學習方式，過了兩個星期，老師的「輸入」內容在孩子的腦海中存留的也就只有5%～10%了，所以孩子根本想不起來這篇課文的內容。這個時候，媽媽可以試著引導並幫助孩子運用學習金字塔理論，將學習課文分成五步。

第一步：用思維導圖梳理知識的邏輯結構

在學習一篇課文時，不但要關注它的內容，還要了解它的邏輯結構。這樣做，一方面可以加深對文章討論問題的理解，更好地理解作者的思維方式，另一方面也可以幫助孩子鍛鍊邏輯思考能力。

思維導圖是幫助孩子梳理課文邏輯的好幫手。如果孩子可以一邊默讀課文，一邊簡單地畫下整個課文的思維導圖，那麼孩子就能將這篇文章細化，加深記憶。而且，梳理成思維導圖對後續的分享和回顧也非常有幫助。

第二步：多討論

對於年齡小的孩子，父母可以採用啟發式提問，詢問孩子課文中的一些內容，讓孩子透過回答問題複習課文內容；對於年齡大一點的孩子，父母可以鼓勵孩子主動地與同學討論，並闡述各自的觀點。

和他人討論或者把課文內容講給他人聽，是非常好的學習技巧。因為這個時候鍛鍊的不僅是孩子的理解能力、記憶能力，還需要孩子按照一定的邏輯結構將內容表達出來。這是對學習思維的一次全面開發。在向他人講解知識的過程中，孩子可以運用前面所畫的思維導圖輔助說明，透過對原內容進行再加工和輸出，孩子的邏輯思考和表達能力可以得到顯著的提高。而且同學之間如果能在課後互相討論，互相交流一下學習心得，還能得到不同的看法，從而加深對課文內容的理解，增強學習效果。

第三步：複習

讀完一篇文章後，要及時複習這篇文章的知識。複習最好的方式就是寫讀後感。我一般不建議家長讓孩子每學習一篇課文，就立刻寫讀後感。除非是孩子自己思如泉湧，主動要求寫。我認為寫讀後感的最好時機是，孩子透過自己的思考，用思維導圖梳理了內容結構，並且與他人進行了交流討論，對課文有了深入理解後，這個時候下筆寫讀後感，孩子的思路會更清晰，表達也更順暢。

第四步：知行合一

透過前面三步的學習，這篇課文至少已經有50％的知識留存在了孩子的記憶裡。這時候如果想讓學習內容進一步強化，可以讓孩子嘗試進行實踐，把課文的內容應用到實際生活中。

比如〈吃水不忘挖井人〉一文講的是，當我們享受成果時，不要忘了給我們創造成果的人。家長可以和孩子一起討論一下：「在我們的生活中，有哪些是你正在享受但不是你創造的成果呢？」、「你可以用什麼樣的方式來回報那些給你創造了這些成果的人？」當孩子把所學和實踐相結合時，他對知識的理解會變得更深刻。

第五步：教學相長

到了這一步，孩子已經掌握了50％的書本知識，也擁有了25％的實踐體會。想要更進一步，就需要嘗試把自己的這些收穫教給別人了。比如教給爸爸媽媽，或者其他同學。在教的過程中，孩子會發現，原來自己已經理解了的東西，別人卻聽不懂。於是孩子不得不嘗試找出一種對方更容易理解的表達方式。這對孩子來說是一種全新的挑戰，會促使他搜索、學習更多的相關資料，從而把每一個知識了解透徹，養成舉一反三的能力。

上面的這些學習步驟看起來似乎有些煩瑣，但是一旦養成這樣主動思考的學習習慣，就會產生一種複利效應。在最初階段，孩子花了很多的精力，收穫的也不過是了解透徹一篇課文，但是持續下來，就能多了解透徹一本書、一門學科，乃至一百本書、十門學科。而且這種學習方式，對於不管哪一門學科都很適用。孩子的學習，怕的不是花精力思考，而是怕體勤腦懶，徒勞無功。所以，家長應幫助孩子掌握學習金字塔原理，基於此來學習，達到事半功倍的效果，孩子讓花出去的每一分鐘，都能有最大的收穫。

本章重要工具

「學習金字塔」五步學習法：

① 用思維導圖梳理知識的邏輯結構

② 多討論

③ 複習
④ 知行合一
⑤ 教學相長

使用場景：孩子在讀任何一本書、學任何一個技能時，都可以使用「學習金字塔」五步學習法來梳理知識結構，並且連結現實，增強對知識的理解。

注意：對於年齡小的孩子，可以採用啟發式提問，讓孩子透過回答問題，把知識講出來；對於年齡大一點的孩子，父母可以鼓勵孩子主動與同學、家人討論，闡述各自的觀點。當然，在使用學習金字塔原理的時候，一定要尊重孩子的意願，如果孩子當下不想分享，一定不要強迫孩子，避免孩子對學習產生反感。

能讓孩子學到什麼：讓孩子試著學習將輸入的知識進行加工處理，最後形成輸出的能力，這樣就能讓知識留存率從5％提高到90％。

本章小練習

深度閱讀一本書

首先，讓孩子選一本自己喜歡的書，用思維導圖梳理出這本書的故事情節和知識結構。接著，可以讓孩子和小朋友討論對這本書中某個故事或某個人物的看法，或者讓孩子給小朋友講述這本書中最有趣的一段故事。然後，讓孩子寫一篇關於這本書的讀後感。最後，讓孩子談一下自己這樣讀書的收穫。

25

無條件接納，給孩子安全基地

在孩子成長的過程中，父母給予孩子的無條件接納是孩子成長的「安全基地」，也是孩子面對任何困難時的底氣。一個被父母無條件接納的孩子，無論面對何種境況，都能滿懷信心，因為他知道自己不是一個人在戰鬥。網路上有這樣一個社會調查，有人問一群幼兒園的孩子：「滿分是十分，你給你的媽媽打多少分？」所有的孩子都毫不猶豫地打了滿分。但是，當調查者去問家長同樣的問題時，大部分家長只給了孩子一個及格分。在孩子眼裡，不管媽媽的長相、收入、性格、社會地位如何，他們對媽媽都是無條件地接納，不會因為媽媽曾經責罵過自己，就停止愛媽媽。但是父母對孩子卻總是有很多附加要求，要成績好、聽話、有禮貌……試問，我們真的做到無條件接納孩子了嗎？

請別無意識地否定孩子

你是否曾多次無意識地否定、拒絕甚至傷害過孩子？先別急著否認。我們來看看以下幾個案例。

案例1：

孩子放學回家，說：「我們班主任真的很煩人，我討厭他。」

爸媽：「你不好好念書，還討厭這個嫌棄那個。」

孩子：「……」

案例2：

孩子：「我媽整天嘮嘮叨叨，我都快煩死了。」

爸爸：「你媽嘮叨還不是為了你好。」

孩子：「……」

案例3：

孩子：「你們總是替我做決定，我不想報名這個補習班。」

爸媽：「你現在成績都掉到班級中等了，還不趕緊補一補，而且錢都交了，你不想上也得上！」

孩子：「……」

這些場景你是否感覺熟悉呢？這其實是大部分父母跟孩子之間常見的對話方式。在以上幾個案例中，父母的答覆都有一個共同特點，即沒有真正回應孩子的想法。在孩子的成長過程中，我們總是習慣以大人的身分自居，以成年人的視角看問題，於是孩子的那些不滿、抱怨、反抗在我們俯視的目光中都變得渺小，我們也就理所當然地說出那些自以為正確的話語。雖然很多時候家長的確是出於為孩子著想的心態，但我們也確實在無意間忽視和否認了孩子的想法。那麼，如果父母一直用這樣的方式跟孩子溝通，會有什麼後果呢？

- 討厭班主任的那個孩子，會由討厭班主任變成討厭班主任上的課，進而產生厭學情緒。
- 嫌棄媽媽嘮叨的孩子，會把媽媽的囑咐當作耳邊風。當他的力量足夠反抗父母時，他可能會選擇離家出走。或者借由考試遠赴外地，離開這個家。
- 總是被父母強行要求的孩子，內心會埋下一顆叛逆的種子。只待時機成熟，就會以傷害父母也傷害自己的方式爆發出來。

父母常常願意在孩子的吃穿住行上花費精力，卻極少把孩子當作一個平等的個體看待，並沒有做到接納孩子，理解並認同孩子。當我們不能真正地接納孩子時，孩子的內心就會缺乏足夠的安全感和自我價值感，親子關係也會因此出現裂縫。

接納孩子的兩個重要關鍵

在學習接納孩子的過程中，情緒的爆發是難以控制的。經常聽到一些家長說：「道理我都懂，但只要我不發火，他就永遠不知道改。」我很能理解父母的這種感受，畢竟很少有人在遇到挑戰的時候還能保持好情緒。也正是因為如此，我們才需要學習克制情緒，學會接納孩子。簡．尼爾森博士在《溫和且堅定的正向教養》中對於管教方式是否真的能有效解決孩子的問題，給出了四個標準：

- 是不是長期有效？
- 在解決問題的過程中，是不是既尊重孩子的感受，同時也尊重家長自己的感受？
- 是不是能夠幫助孩子產生價值感和歸屬感？
- 能不能幫助孩子學到良好的社會技能？

「發脾氣」和「扮黑臉」當下看起來確實有效，但恐嚇式的學習督促作用持續時間很短，當父母不在身邊時，孩子能夠做到乖乖地寫作業嗎？而且這個方式一旦用的次數多了，孩子不再畏懼，家長又該怎麼辦呢？還有很多父母表示「當我想要接納他時，我甚至不知道我應該跟他說什麼，常常就愣在那兒了」。這其實是一個好的開始，「突然愣住」說明你開始察覺並思考，你注意到了自己過往的做法並不恰當，從而開始尋找更好的方式方法。家長在接納孩子時，要注意兩個重要關鍵。

接納孩子的感受

孩子的行為，無論是可愛還是令人討厭，他的本意都是尋求父母的關注，希望從父母的關注裡收穫價值感和歸屬感。有時孩子遇到問題向家長求助，他需要的並不是解決問題的方法，而是希望父母能夠接納他此刻的感受。這時候只要父母可以做到接納並認同他的想法和感受，問題就能夠迎刃而解了。

一位媽媽和我分享過她和女兒相處時的一件小事。

有一天，女兒回家跟她說：「媽媽，我不想上李老師的課了。」

媽媽說：「妳看起來有些不開心。」

女兒噘嘴道：「我好難過。我討厭李老師。」

媽媽關切地問：「妳需要媽媽抱抱妳嗎？」

女兒沒說話，逕直走到媽媽身邊，在媽媽懷裡待了一會兒。然後，她說：「媽媽，我現在感覺好一點了。」

媽媽接著問：「發生了什麼事情？妳願意告訴媽媽嗎？」

女兒憤憤不平地說：「今天班上選小主持人，我和劉禮獲得的票數一樣。但是，李老師把她的票給了劉禮。我覺得這不公平，李老師一定不喜歡我了。」

媽媽同情地說：「原本妳是有機會成為小主持人的，但是李老師沒有投給妳。如果是媽媽，媽媽也會覺得很難過呢。」

女兒想了一會兒又說：「媽媽，我仔細想一想，又沒有那麼難過了。李老師說，她沒有選我是因為我在台上把一個捲舌音唸成了平舌音。李老師幫我糾正了發音，她說是因為重視我，所以才會這麼嚴格要求我。」

媽媽若有所思地問：「這麼說，其實李老師也覺得妳表現很好，她只是想讓妳變得更好一點，對嗎？」

女兒點點頭道：「嗯，是的，她讓我下次加油。」

媽媽鼓勵道：「那我們一起來想一想，我們總是容易唸錯的捲舌音有哪幾個，我們一起練習一下吧。」

女兒高興地說：「好啊，媽媽。」

如果這位媽媽在女兒說「媽媽，我不想上李老師的課了」時，不是接納女兒的感受，而是質問孩子「老師是隨便能換的嗎」、「你們班那麼多同學都上李老師的課，沒有誰像妳這樣說」，或者溫和地否定女兒說「媽媽覺得李老師挺好的呀」。那麼，後面的一切對話都不會發生，媽媽也許就錯過了一次了解和接近孩子的機會。

作為家長，首先應該關注並接納孩子的感受，然後再和孩子一起解決問題，那樣你和孩子的相處就會變得更加融洽。在溝通中，家長要注意觀察孩子的情緒，找到對話的突破口，並善於運用以下句式：「你看起來有點難過／生氣／無助……願意和我說說嗎？」我相信，當孩子能夠感受到他是被父母重視並接納的時候，他會願意向你敞開心扉的。

接納孩子本來的樣子

孩子的內心往往是敏感而脆弱的，他們期待父母對自己全然呵護和接納，哪怕他經常犯錯，哪怕他平凡無奇。每一次父母給予的接納，都會讓孩子的安全感多一分。與之相反，如果父母不能接納孩子本來的樣子，孩子就會覺得自己被拋棄了、自己是不被愛的。父母只有無條件接納，才能贏得孩子的信任，這是良好親子關係的前提。我們需要讓孩子明白：「無論你有什麼樣的行為表現，無論你的學業成績如何，無論你選擇什麼樣的人生道路，父母都會始終如一地愛著你。」

曾經有一對來諮詢的學霸夫妻，他們對兒子的要求很嚴格，但是兒子的表現總是不如他們所願，在學習上總是把事情搞砸，喜歡和一幫朋友玩搖滾。媽媽感嘆道：「這麼多年來，我兒子就沒做過一件讓父母省心的事情。」孩子今年十五歲，進入青春期後，開始出現了一系列叛逆的舉動。最嚴重的一次，甚至要自殘，幸好媽媽及時制止了。媽媽不能理解為什麼原本聽話的兒子會變成這樣，家庭關係也變得如此劍拔弩張。她覺得自己和孩子爸爸已經為孩子付出了一切，孩子卻總是威脅、挑戰父母，她感到很傷心，也很無助。

在這個案例裡，孩子出現了明顯的報復父母的行為，這時他的潛在用語是「你們不愛我，你們根本不理解我」、「我受到了傷害，我要報復你們」。事實上，這個孩子的內心是善良的，他之所以宣稱要自殘，是因為他非常清楚，自己不能攻擊父母，所以只能轉而攻擊自己。在這種情形下，父母如果沒有做出任何改變，那麼他們的親子關係將永遠無法跨越這個難關。要接納孩子本來的樣子，需要注意以下兩點。

首先，把期望簡單化。我們常說，沒有期望就沒有失望。很多時候，對孩子的不接納，是由於我們將期待值設置得過高。所有父母都期待自己的孩子能夠成為人中龍鳳，但實際上我們大多數人最後都會歸於平凡。平凡沒有什麼不好，能夠平安順遂，何嘗不是一種幸福？所以，在內心問一下自己，如果孩子考不上好學校，你可以心平氣和地跟他討論接下來該怎麼辦嗎？如果孩子鋼琴檢定總是考不過，你可以接受孩子過往的付出沒有成果嗎？這些都是父母自己要先想清楚的。

其次，不要橫向比較孩子。絕大多數的痛苦，都源於那些本不必要的橫向比較。太愛把孩子與他人進行比較，我們就會把孩子身邊的人都變成競爭者，把孩子身邊的關係都看成競爭關係。《被討厭的勇氣》中說：「在同一個平面上，既有人走在前面，又有人走在後面，雖然行進距離或速度各不相同，但大家都平等地走在一個平面上……所謂『追求優越性』，是指自己不斷朝前邁進，而不是比別人高出一等的意思。」如果你能認識到「走在前面的人優秀，走在後面的人遜色」這種判斷從來就不存在，你就會覺得，孩子此刻無論是走在前面還是後面都沒有關係。人生路漫漫，要相信一切都是最好的安排。

孩子在成長過程中，最感恩父母的時刻，是父母接納他們的脆弱和無助的時刻，是接納他們不夠優秀的時刻。一旦你能夠接納孩子的感受，接納孩子本來的樣子，你和孩子就真正建立了一種彼此信任、彼此支撐的親密關係。只有跟孩子建立良好的關係，我們才能在孩子需要幫助的時候給予他們有效的指導。無條件地接納孩子，是給孩子一個內心深處的「安全基地」，讓孩子獲得滿滿的安全感，這樣孩子才能把全部精力投入自我成長和發展，從「被動學習者」成長為「自主學習者」，並最終成為一個「終身學習者」。

本章重要工具

接納孩子的兩個關鍵：

① 接納孩子的感受

② 接納孩子本來的樣子

使用場景：當孩子某件事情做不好時，你要接納孩子當時的情緒，以及他本來的樣子，給予他肯定和支持。

注意：把期望簡單化，不要橫向比較孩子。不要和孩子作對，而是試著接納孩子，讓孩子從父母那裡獲得價值感和歸屬感。

能讓孩子學到什麼：讓孩子獲得安全感和歸屬感，幫助孩子打開心結，讓孩子重新獲得自信，能夠堅持努力克服困難。

本章小練習

接受孩子本來的樣子

想一想，你的孩子是不是很優秀？是不是有一、兩件事情總是做不好？當孩子做某件事經常失敗，對此產生恐懼甚至牴觸情緒時，你會怎麼辦？首先，你要試著接受孩子現在的感受，同理孩子，給予孩子理解，讓孩子能從你這裡獲得滿滿的安全感。然後，接受孩子本來的樣子。不必每件事都精通，每個學科都考滿分，因為即便是你也未必能做到。接受孩子本來的樣子，給予孩子最大的肯定和鼓勵，你能做到這些就足夠了。試著寫出孩子的十個優點和十個缺點，看看你能接受多少？

十個優點	
十個缺點	
無論如何，我都很愛我的孩子。	

結語

透過前面的學習，我們已經知道：如果不能激發孩子的學習原動力，設定明確的學習目標，孩子就無法產生良好的學習體驗，甚至會產生「棄學」的心理；如果沒有培養孩子的情緒自控力，他就無法正確宣洩負面情緒、處理問題，父母也就無法識別孩子行為背後的內在涵義；如果沒有培養孩子的習慣自控力，孩子則無法形成良好的學習習慣，他會始終認為自己是在「幫父母學習」，那麼他就永遠不可能對自己負責；如果沒有激發孩子的學習競爭力，沒有教會孩子掌握正確的學習方法，那麼反覆做題目就可能變成「低效勤奮」，浪費時間又不見成效；如果孩子缺乏學習抗逆力，他在面對挫折時的一蹶不振，在面對誘惑時的難以自拔，都會成為他未來生活中前進的阻礙。學習原動力、情緒自控力、習慣自控力、學習競爭力和學習抗逆力共同構成了孩子自主進步的階梯，我將幫助孩子以輕鬆愉快的方式掌握這「五力」，在成長中擁有更強大的精神支撐和內在動力。

最後，要感謝參與五元學習力課程研發的我的團隊夥伴們，付卓言老師、劉雪微老師、崔月萍老師，她們做了大量的資料蒐集整理工作，從用戶案例，到工具方法的應用反饋，以及對所有學員的及時答疑；感謝樊登讀書·新父母團隊的夥伴們，

他們幫助我一起把這個實用的課程傳播給了更多的家長朋友；感謝這本書的每一位參與者，編輯、排版、設計……他們讓這本書能夠以最快的速度和大家見面；感謝王妍老師，為這本書繪製了可愛又生動形象的插圖。

當然，也要感謝我的女兒，在她身上我常常得到最積極正向的鼓勵，看到自主學習力帶給孩子的成長動力。

也要謝謝所有聽過我的課程和耐心閱讀本書的家長朋友，這些實用的方法，正是在大家的反覆應用和不斷探究中，得以完善，也更加符合新時代新父母們的需要，符合新一代孩子成長的需要。

祝願每位家長在養育過程中都能體會愛與自由，祝願每個孩子在成長過程中都能始終抱有自主性和無窮無盡的學習力！

國家圖書館出版品預行編目資料

媽媽，我要學：不催、不逼、不強迫，教出自動自發的孩子！/付立平著. -- 初版.-- 臺北市：平安文化, 2022.11面；公分. --（平安叢書；第742種）（親愛關係; 26）

ISBN 978-626-7181-31-7（平裝）

1.CST: 親職教育 2.CST: 子女教育 3.CST: 自主學習

528.2　　　111017724

平安叢書第 0742 種
親愛關係 26

媽媽，我要學

不催、不逼、不強迫，教出自動自發的孩子！

《媽媽，我要學》：文化部部版臺陸字第111123號；許可期間自111年8月29日起至116年2月13日止。

作　　者—付立平
發 行 人—平雲
出版發行—平安文化有限公司
台北市敦化北路 120 巷 50 號
電話◎ 02-27168888
郵撥帳號◎ 18420815 號
皇冠出版社（香港）有限公司
香港銅鑼灣道 180 號百樂商業中心
19 字樓 1903 室
電話◎ 2529-1778　傳真◎ 2527-0904
總 編 輯—許婷婷
執行主編—平靜
責任編輯—張懿祥
美術設計—黃鳳君
行銷企劃—許瑄文
著作完成日期— 2021 年
初版一刷日期— 2022 年 11 月

法律顧問—王惠光律師

讀者服務傳真專線◎ 02-27150507
電腦編號◎ 525026
ISBN ◎ 978-626-7181-31-7
Printed in Taiwan
本書定價◎新台幣 380 元 / 港幣 127 元